できるビジネス

私たちの手で職場を明るくする
ブランドマネジメントの教科書

「推される部署」になろう

沢渡あまね

インプレス

序章

あなたたちは、
誰に、どんな価値を
出す人たちですか？

推される

001

あなたは「自分たちが何者か」を説明できますか？

1 あなたは「自分たちが何者か」を説明できますか？

突然ですが、皆さんに質問です。あなたは「自分たちが何者か」を聞かれて、答えることができますか？　相手に説明できるでしょうか？

ここで言う「自分たち」とは、あなたが勤務または所属する部署やチームのことです。日々あなたが仕事し成果を発揮する、いわば「半径5m以内」の世界と言っても良いかもしれません。

「マーケティングの部署です」
「社内情報システム部門です。私はインフラエンジニアです」
「経理の部署です。うちのチームは日々、経費精算の処理をしています」

大変わかりやすい説明です。しかし、残念ながらそれだけでは相手にあなたたちの価値は伝わらないかもしれません。

少し質問の仕方を変えましょう。

「あなたたちは、誰に、どんな価値を出す人たちですか？」

こう問われたらどうでしょう。答えに詰まってしまう人も多いのではないでしょうか。

今すぐ答えられなくてもまったく気にする必要はありません。日々、誰に、どんな価値を出しているかなんて考えたこともない。そもそも価値とは何か？　そう疑問に思う人も少なくありません。大丈夫。いまここから、この瞬間から、本書を読み進めながらじっくり「自分たちは何者か？」「自分たちは、誰に、どんな価値を出す人か？」を一緒に考えていきましょう。じっくり、あなたたちなりの答えを出していけば良いのです。

その前に、なぜ「自分たちは何者か？　自分たちは、誰に、どんな価値を出す人か？」説明できるようになる必要があるのでしょうか。

2 顔の見える部署になっているか

私、沢渡あまねは組織開発やワークスタイルの専門家として、これまで400を超える企業や官公庁の組織のリアルに向き合ってきました。最近、組織やチームを良くしたいマネージャーや担当者の皆さんから次のようなお悩み相談を受けることが増えてきました。その声の一部を紹介します。

・自部署の立場が低い
・「社内下請け」になりがちである
・「怖い」「近寄りがたい」人たちだと思われ、他部署から敬遠される
・新設部署に異動になった。そもそも何をすれば良いのか皆わかっていない
・「何をしているのかわからない部署」と言われる

なかなか切ないメッセージです。このような部署は、いずれも「顔が見えない」部署、または「顔が怖い」部署と表現できるでしょう。

顔が見えないとは、文字通り何しているのかわからない人たち。だから期待をされることもないし、そもそも何をお願いしたら良いのか皆ピンと来ていない。社内の情報共有もいつも後回しにされる。面倒ごとだけを一方的に押し付けられてしまう。重要な仕事をしているにもかかわらず、目立たないものだから悪気なく経営からも軽視され、予算削減や人員削減の憂き目に遭う。

新設の部署も顔が見えない状態に陥りがちです。DX 推進、ダイバーシティ推進、カスタマーサクセスなど「ふわっ」としたテーマだけが与えられて、ある日突然人が集められる。ところが何をしたら良いかわからない。そもそも、そんな部署が新設されたことすら社内で認知されていない。その悶々とした状態のままはや6ヶ月。部署の姿もモヤモヤ、メンバーのモチベーションもモヤモヤ。

「顔が怖い」のも問題です。社内の立場が強いあまり敬遠される。あるいは管理部門などにおいては「面倒くさい人たち」だと思われ、なるべく関わらないよう距離を置かれる。いわゆる「管理部門飛ばし」が横行してしまう。

これはガバナンス（企業統治）上も、コンプライアンス上もよろしくありません。

顔が怖い部署について、私のエピソードを一つ。私はかつて自動車会社の購買部門の社員でした。購買部門は比較的強大な権限を与えられており、その意味で社内での立場は決して低くはありません。ところが、ゴリゴリと強気な交渉をし容赦なくコスト削減を進める人たちのイメージが強かったのでしょうか、他の部署の人たちからは怖がられることが多かったです。

私がそれを実感したのは、自分が購買部門から海外マーケティング部門に異動した直後でした。どうも他チームの人たちの様子がどことなくよそよそしい。そして、中近東の事業所に出張したときのこと、食事しながら現地の駐在員からこう言われました。

「購買出身と聞いて、正直僕たち沢渡さんを怖い人だと思っていました（苦笑）」

なんと！　その後に続く「でも、気さくないい人で安心しました（笑）」の一言に心が救われましたが、思った以上に購買部門は社内の人たちから警戒されているのだなと感じ反省したものです。強すぎる部署は、それはそれで考えモノだなと思いました。

私は、顔が見えない部署、顔が怖い部署を「カオナシ」と呼んでいます。カオナシとは、スタジオジブリ作の映画に登場するあの妖怪です。実態が良くわからない、あるいはなんだか怖そうに見える。だから皆、悪気なく避けたり、警戒する。さて、あなたの部署はカオナシになっていないでしょうか？

3 広がる格差：人気職種と不人気職種、人気部署と不人気部署

近年、人気の職種と不人気の職種の差が広がっていると感じています。待遇が良くない職種、やり甲斐のない職種、成長実感の得られにくい職種などはイメージも悪く、人が集まらない。どの職種が人気職種で、どの職種が不人気職種か、その明言はあえて避けますが、世の中になくてはならない職種が人手不足で機能不全に陥っていく様は由々しき状態

であり、社会としても何とかしなければなりません。

会社組織においても同様のことが起こっています。人気部署と不人気部署の格差拡大。

いわゆる花形と呼ばれる部署は、優秀な人、意欲ある人を社内外から集め、華々しい成果を出し、経営陣から高い期待をかけられる。予算も獲得でき、新しいことにもどんどんチャレンジできる。職場環境の改善や人の育成にも投資ができる。ところが、不人気な部署はどうか。社員からも敬遠され、社内公募で手を上げる人もおらず、一人辞めまた一人辞め……活気もなくなり予算も減らされていく。負の連鎖の状態に陥ってしまいます。

人気部署とはいかなくても、せめてカオナシからは脱し、自分たちは何者か？ 自分たちは、誰に、どんな価値を出す人か？ を説明できるようになる。マネージャーもメンバーも自信をもって日々の仕事に取り組むことができるようになる。それは、メンバーのモチベーション維持向上やチームビルディングの意味でも重要です。

「言うことはわかるのですが、部署に染み付いたネガティブなイメージを払しょくするのは無理ですよ……」

本当にそうでしょうか。社内の不人気部署が一転、人気部署に返り咲いた事例を紹介しましょう。日本航空（JAL）の調達部門の取り組みです。少し古い記事ですが、2016年2月の日経情報ストラテジーの記事を引用します。

「あの部署は真夜中でも、いつも人がいる」
「あの部署だけにはいきたくない」
　調達部門は、いわば「ブラック職場」。他部署から常に恐れられ、コミュニケーションも良くなかった。

　この由々しき現状を打破すべく、JALの調達部門では2015年2月から働き方改革に着手した。

　オフィスのフリーアドレス化、打ち合わせスペースの増設、代表電話の廃止、ペーパーレス化、テレワークの導入などありとあらゆる取り組みを実施し、1人1日あたりの残業時間は1時間48分削減された。社員の満足度も、改革前の72.2%から98.2%と大幅に向上した。

　いまでは、調達部門は「働きたい部署」の一つになった。

（出典：日経情報ストラテジー2016年2月号（日経BP社））

　この後、日本航空の調達部門ははたらき方改革をしたい他部署からラブコールがかかるようになったといいます。社内他部署の、課題解決のファシリテーターとしての価値も提供できるようになった調達部門のメンバー。自部署への誇り、すなわちエンゲージメントも高まったことでしょう。
　不人気部署も人気部署に生まれ変わることができる。あきらめたら、そこで試合終了です。

4 「この人たちと関わりたい」「この人たちと仕事したい」部署であると言えるか？

本書はブランドマネジメントについて、部署を輝かせる観点で解説した一冊です。ブランドとは何か？ 第2章で詳しく解説しますが、一言で表現するなら「ファンを創る力」です。

ファンとは良き理解者、良き協力者、良き仲間。ファンを創ることのできる部署は、間違いなく強い。ファンがあなたの部署の良さを語り、意見照会先として、協業先として、異動先として、勤務先として薦めてくれる、すなわちあなたたちの部署は「推される部署」に変わっていきます。「推される部署」は、自部署だけでは解決できない困りごとがあったときに、喜んで他部署や経営陣、ひいては顧客やお取引先などの関係者の協力を得られることでしょう。

そして、推される部署になるためには「この人たちと関わりたい」「この人たちと仕事したい」と思ってもらえるチームになる必要があります。

「この人たちと関わりたい」
「この人たちと仕事したい」

その感情と感動の広がりが、組織ももちろん、そこではたらく個（つまり、あなた）も幸せにします。チームと個が同時に、良い人たちとの良い仕事を通じてアップデートされていく。組織と個の双方が握手をしながらともに価値を発揮し成長していく、そんな部署を創っていきましょう。

組織と個がともに価値を発揮して成長していく

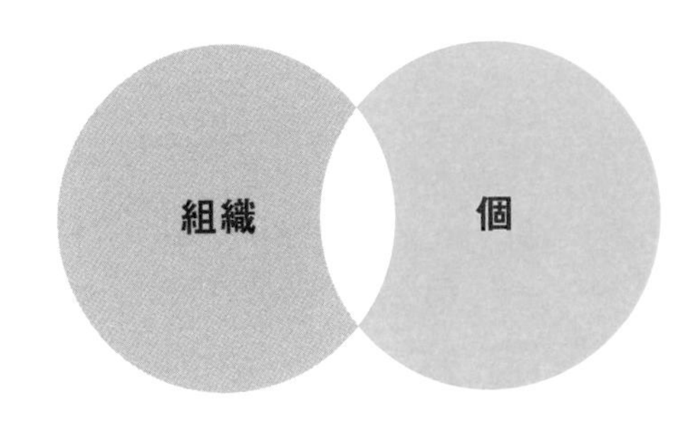

「推される部署」とは、「らしい」部署と表現することもできます。人は「らしさ」に共感し、ファンになっていくもの。あなたの部署の「らしさ」とは何でしょうか？

ここから本章に進む前に、改めてあなたに質問です。

「あなたたちは何者ですか？」
「あなたたちは、誰に、どんな価値を出す人たちですか？」

答え探しの旅に出かけましょう！ Bon Voyage（良い旅を）！

2023年7月　奥浜名湖のほとりのオフィスにて
沢渡 あまね

序章

あなたたちは、誰に、どんな価値を出す人たちですか？

第1章

なぜ、推される部署になる必要があるのか？ 時代背景

第2章

ブランドとは

「推される部署」になるために

第3章

推されるかどうかを決める

ブランド接点、ブランド体験

第4章

「中」の対話を増やす

インターナルブランディングの具体例

第5章

ブランドを体現する組織になる

ミッション、ビジョン、バリューとブランドの関係

第6章

ブランドワークショップをやろう

自部署の姿を自分たちで言語化する

第 7 章

「推される部署」が組織と個と社会にもたらす効果

健全な組織のバリューサイクル

終章

ブランドマネジメントは、私たちの未来を育むエンジン

付録

第 1 章

なぜ、推される部署になる必要があるのか？

時代背景

カオナシ状態のマズさは何となく理解できたものの、いま何か特段の問題がある訳ではない。多少の理不尽はありつつも、日々の仕事は会社や顧客から普通に降ってくるし、言われたことを真面目にこなしていればそれなりの評価はされる。「自分たちは何者か」とか「誰に、どんな価値を出しているか」なんて、面倒なことをわざわざ考えなくても良いのではないか。

確かに今は何も問題がないかもしれません。しかし、これからの時代において、カオナシ状態は組織とそこではたらく個人、双方にとって大きなリスクになり得ます。裏を返せば「推される部署」に変わることは、組織と個、双方にさまざまなメリットをもたらします。第1章では、私たちはなぜ、「自分たちは何者か？」「自分たちは、誰に、どんな価値を出す人か？」を説明できたほうが良いのか、ひいては皆さんの部署が推される部署になっていったほうが良いのか、組織の視点と個人の視点の両面で紐解いていきます。

INDEX

推される 002

「推される部署」が会社にとって必要なのはなぜか

まずは大きなところから。組織運営の観点で「推される」存在であり続ける必要性を考えてみましょう。ここでは4つのキーワードを示します。VUCA（ブーカ）、多様性、DXそしてイノベーションです。いずれもビジネス誌やWebのニュース記事などで見聞きしたことのあるキーワードだと思います。

1 VUCA（ブーカ）の時代

これからの時代は、VUCAであると言われています。VUCAとはVolatility（変動性）、Uncertainty（不確実性）、Complexity（複雑性）、Ambiguity（曖昧性）の4つの単語の頭文字をとった言葉で、環境や価値観の変化、技術革新などが著しく進む時代の特徴を示しています。VUCAの時代は、過去の勝ちパターンが通用しにくい時代、そして組織の中に答えを見つけにくい時代ととらえることができます。なぜそうなのか、2つの具体的な事例をもとにお話ししましょう。

▶ VUCAの時代とは

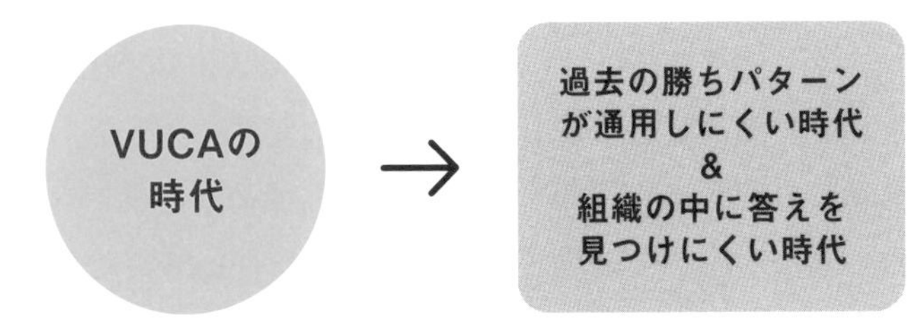

図：過去の勝ちパターンが通用しにくい時代に入っている

IT技術の革新や人の価値観の変化が進む時代において、これまでのアナログおよびベテランのセンスと野生の勘頼みの仕事のやり方は効力を失いつつあります。いままで売れていたやり方で、モノが売れなくなった。顧客と出会う接点や、顧客の共感を得る成功法則が変わってきた。組織内のメンバーとの信頼関係の構築の仕方、心地よいコミュニケーションのやり方も変わりつつある。ChatGPTをはじめとするAI技術の目まぐるしい進化に伴い、仕事の仕方そのものを変えなければ世の中に追随できない、そのような時代を私たちは生きています。いわば過去の勝ちパターンが賞味期限切れを起こしつつある。それは、本書を手に取っている皆さんもうすうす感じていることでしょう。

少々大げさですが、私は日本全体が、過去の勝ちパターンから抜け出せない膠着状態に陥っているととらえています。過去50年～60年の主力であった「大量生産」「大量消費」を軸にした、大手製造業型、統制管理型、下請け型のビジネスモデルや社会モデルが効力を失いつつある。それどころか、未来の成長を妨げる文化的負債にさえなりつつある。

きわめて由々しき状況です。

加えて、私たちはかつて経験したことのない事象や不確実なリスクとも向き合いながら事業継続をしなければなりません。COVID-19が私たちの日常生活や経済活動を脅かし、スタイルの変更を余儀なくしたことは記憶にも新しいでしょう。COVID-19が蔓延し始めた当初、パンデミックに向き合いながら事業を継続するための答えを持っていた企業がどれだけあったでしょうか？　「これまでに経験したことのない」「何十年に一度」の災害も日常的に発生しています。

このようなVUCAの時代において、自組織や自部署の人たち、すなわち組織の中だけで解決できることはいよいよ限られてきます。

自部署に解決できる能力や知識や意欲を持った人がいなければ、他部署と、他部署にも答えが無ければ、他社あるいは他業界や他業種や他地域の人たちとつながり、トライ&ラーンを繰り返しながら自分たちの答えを導き出していく。そのためには、組織の壁を越えてつながって解決する、すなわち越境して課題解決や価値創造ができる組織に体質改善していかなければなりません。

組織の中に無いものはない、無いったらない、
だから無いんだってば！

平たく言うと、そういうことです。

2　多様化が進む時代

多様化も進みつつあります。ダイバーシティ&インクルージョン。この言葉を聞いたことがある方も少なくないでしょう。個々の違いを受け

入れ、認め合い生かす。多様な考え方、専門性、価値観、人種や性別などの人たちを尊重し、受け入れ、組織として視点を増やし課題解決力を高めていく。ダイバーシティ&インクルージョンとはそのような考え方です。

はたらく環境も多様化してきました。日本でもテレワークがようやく活用されるようになってきましたが、オフィスワークとテレワークなどはたらく場所の選択肢も多様化しています。テレワークの場所も、自宅や帰省先のみならず、サテライトオフィスやコワーキングスペース、コミュニティスペースなど事業所でも自宅でもないサードプレイス（第三の場所）、さらには郊外やリゾート地などのワーケーションスポットなどバリエーションに富んできています。

はたらく時間の多様化も進んできました。時短勤務はもとより、フレックスタイム、週3日勤務、複業（パラレルキャリア）勤務者など、必ずしも同じ時間や場所をともにしない仲間とはたらく機会はこれからますます増えるでしょう。

雇用形態も多様化しています。正社員だけではなく、派遣社員や社外のビジネスパートナー、フリーランスの人たちとチームを組んで仕事をする機会も増えてきました。ITエンジニア、技術者、デザイナーなどこれまでとは異なる職種の人と協業する場も増えるでしょう。

ダイバーシティ&インクルージョンの詳細な説明は、本書では割愛しますが、私は上記のようなさまざまな多様性への対応がこれからの時代の組織力を高める上でも極めて重要であると感じています。

とりわけ「体験のダイバーシティ」は、組織運営力、マーケティング力、製品やサービスの設計（サービスデザイン）力を高める上で欠かせないと考えます。

・自社や他社の製品やサービスを利用した体験（ユーザー体験）

・それらを売る体験や、維持運用した体験（運用者体験）
・新たな製品やサービスを企画する体験、創る体験（企画者体験）（開発者体験）
・事業を回す体験（経営者体験）

このような当事者体験がある人たちが手掛けた事業や製品・サービスは、消費者や利用者にとっての腹落ち感が違います。「わかっている」と思わせ、その企業や製品・サービスのファンを創ります。

「顧客目線を持て」
「売る人の立場に立て」
「経営者目線を持て」

いずれも企業の経営者や部門長の定番メッセージですが、顧客の体験をしたことのない人は顧客目線を持ちようがありません。物を売った経験のない人に、物を売る人の気持ちがどれだけわかるでしょうか。経営に携わったことのない人に、経営者目線なんて持てるはずがない。いわゆる当事者意識は体験してみないと芽生えにくい。組織力、マーケティング力、サービス設計力を高める上でも、メンバーがさまざまな体験をしてみる、あるいはさまざまな体験をした人を組織に取り入れる、対話による疑似体験を増やすなどして、体験のダイバーシティを高めていきましょう。

ところで価値観・人種・性別のみならず、職種や専門性が異なる人、はたらく時間や場所が異なる人、所属会社や雇用形態が異なる人、組織外や地域外の人とお互いをリスペクトしながらコラボレーションする。その機会が増える時代において、「阿吽の呼吸」や、「察しろ！」のコミュニケーションは通用しません。表向きは通用しているようであっても、相手は無力感とやらされ感で、エンゲージメントや主体性を失ってしまう可能性もあります。

やらされ感満載の人、エンゲージメントの低い人、主体性のない人と本気の良い仕事ができるでしょうか？

「自分たちは何者か」
「自分たちはどのような課題を抱えていて、どのようなゴールを目指したいのか」
「相手に何を期待するのか」

これらを説明し、相手とフラットな関係でコミュニケーションおよび本気のコラボレーションができるようにしていきましょう。

3 DXやイノベーションが求められる時代

人口減少と少子高齢化の加速により、労働力確保の困難さが増す時代。VUCAの環境下での事業継続や価値創造が求められる時代。デジタル技術を活用して、より少ない労働力で事業を継続または拡大をする、あるいは今までのルールや慣習を抜本的に変え、新しいビジネスの勝ちパターンを実現する。いわゆるDX（デジタルトランスフォーメーション）とイノベーションは、あらゆる業界、職種、地域に課せられた社会課題です。

ところが、自組織の人、知識、技術だけでDXやイノベーションを興せる組織がどれだけあるでしょうか？　ゼロから人を育てるには時間もかかります。時間とお金をかけて既存の人材の育成に投資をしても、その能力が身につかないかもしれません。新製品や新技術を開発する必要がある場合などは、さらに設備を揃えるのにも時間とお金がかかります。スピードが求められる時代、それでは遅い。だったら、既に知識や能力や設備を有する他の組織、他の業界、他の職種の人たちとコラボレーションしたほうがはやい。なおかつ、リスクが小さい。コラボレーションは、DXやイノベーションのための経営戦略であり、課題解決や価値創造のための重要な手段であるととらえることができます。

実際に、さまざまな分野や業界で、異なる業界や業種間の越境コラボレーションによるDXやイノベーションが生まれ始めています。

たとえばMaaS（Mobility as a Service）は、自動車産業とIT産業の掛け合わせにより自動運転などを軸にした新たな移動サービスを生む取り組みです。FinTechは金融×ITによるイノベーションです。AgriTechなど、農業×ITで農業生産や流通のあたりまえを変革し、生産者が24時間365日現場に張り付かなくても高品質な野菜を生産することができ、かつ消費者に直接高く売ることのできるビジネスモデルも実現しつつあります。このように、業界や業種の壁を越えた越境コラボレーションによるイノベーションも、当たり前のように起こりつつあります。

「そうか。今私たちの部署が直面している課題も、他部署とのコラボレーションで解決しよう！」
「なるほど。自分たちで無理に頑張ろうとするからいけないのか。新規事業は、他者とのコラボレーションで実現しよう！」

そのマインドチェンジ、素晴らしいです。しかし、ここで一つの壁が立ちはだかります。あなたの部署は、あるいは会社は、他者が気持ちよくコラボレーションしてくれる相手であると言えるでしょうか？

コラボレーションとは掛け算です。複数の組織の掛け合わせにより、課題解決や価値創造を生む取り組みです。

イノベーションもまた、既存のものごとの掛け合わせ、すなわち掛け算で課題解決や価値創造をする所作を言いますから、コラボレーションもイノベーションも掛け算ととらえることができるでしょう。

そして、掛け算は、掛ける数と掛けられる数で成り立っています。

掛ける数とは、掛け算すなわちコラボレーションを仕掛ける側。掛けられる数とは、コラボレーションを仕掛けられる側です。

自組織単独ではお手上げのテーマを解決したいとき、私たちはコラボレーションを仕掛けたほうが良い。また、他組織や他社があなたたちにコラボレーションを持ちかけることもあるでしょう。

私たちはコラボレーションを仕掛ける側にもなり得れば、仕掛けられる側になることもある。私たちは、掛ける数にも、掛けられる数にもなれたほうが良いし強い。

ところが、自分たちが何者かを説明できない部署や組織は、コラボレーションを仕掛けられない。その逆もまた然り。存在感の薄い部署や組織は、コラボレーションのお声がかかることもない。

自分たちが何者かを説明できない部署はコラボレーションできない！

これは組織としての大きな経営リスクです。

コラボレーションできる組織になるためには、自分たちが何者で、どのような課題を抱えていて（あるいはどのようなテーマに関心があって）、どのような強みや弱みがあって、自分たちの役割と相手への期待役割を説明することができる。いわば、自己説明能力が必須です。

さらにはあなたたちの相談に乗ってくれた第三者が、「この人たちとコラボレーションするといいよ」「あの人たちを紹介するよ」と自信をもって推してくれる部署や組織、すなわち「推される部署」である必要があります。

▶ コラボレーション、イノベーションは掛け算で成り立っている

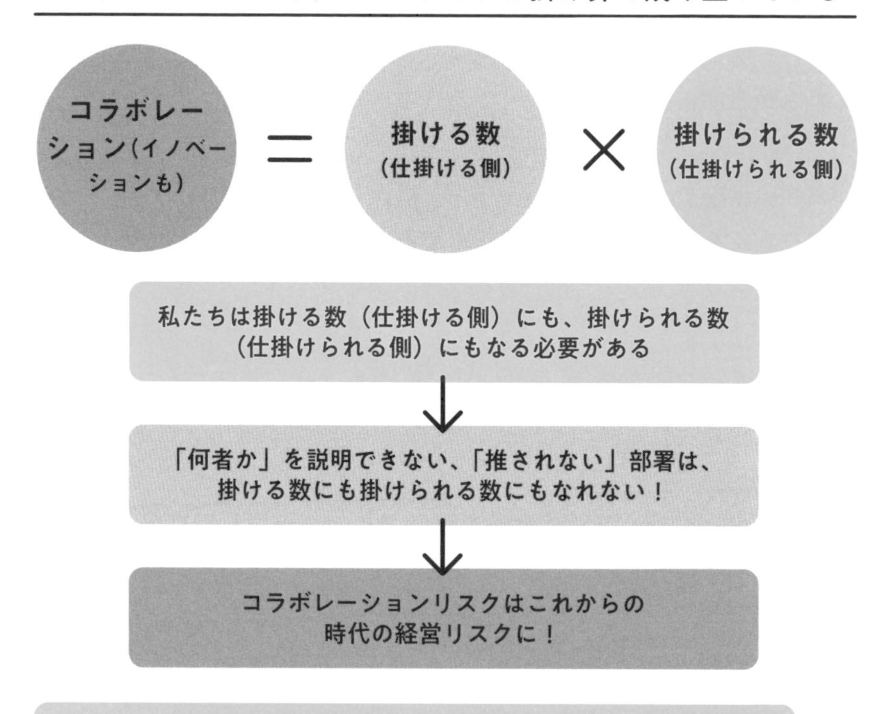

図：コラボレーション能力の有無は組織としての大きな経営リスクにつながる

組織経営戦略として「つながれる力」を高める必要がある。そのためには、まずはあなたの半径5m以内の組織、すなわち普段はたらいている部署から「推される部署」に変わっていきましょう。

003 「推される部署」が個人にとって必要なのはなぜか

「「推される部署」になっていく必要があることは何となくわかりました。でも、それって経営者や部門長の課題ですよね。そこではたらく個人が考えることではないのでは？」

そのようなモヤモヤが頭をもたげてくるかもしれません。「推される部署」になることは、そこではたらく個人、すなわちあなたにとっても大きなメリットをもたらします。その時代背景を2つ説明します。

1 人生100年時代かつ終身雇用の崩壊

人生100年時代と言われ始めて久しいです。年金受給開始年齢の引き上げ、年金受給額の減少、そして定年退職の対象年齢の引き上げ。いや、近い将来、定年退職の概念そのものがなくなるかもしれません。

日本社会に長年根付いた、いわゆる終身雇用モデルもはや終焉を迎えつつあります。

60歳で定年退職し、そこから先は潤沢な退職金と年金で家族ともども悠々自適なスローライフを愉しみます。ごきげんよう！

もはやそのライフモデルは過去の夢物語となりつつあるでしょう。一方で、50歳を過ぎると責任も給与も徐々に減らされ、60歳を過ぎて定年後の再雇用をされるもさらに給与が激減。定年後に切ない思いをする、シニアスタッフも世の中にはたくさんいます。

人はライフステージが変わると、制約条件も増えてきます。本人の体調や家庭の事情で故郷に戻って仕事をしたり、あるいは新たな仕事にチャレンジしたくなり転職をする人もいるでしょう。ところがその転職活動で苦戦を強いられる。

・特筆すべきスキルも経験も身につけていない
・その会社や業界でしか通用しない、仕事のやり方が染みついてしまっている
・メンバーやお取引先を従える、「下請け型」のコミュニケーションやマネジメントしかできない
・専門性は高いが、フラットなコミュニケーションができない

その不都合な真実をつきつけられる。

面接官に「あなたは何ができますか？」と聞かれて「部長ができます」と答え、そこで試合（面接）終了。そのような笑えない笑い話がありますが、自分が何者かを説明できるための経験や能力は、人生100年時代を生き抜く上でも極めて重要です。ビジネスパーソン個人単位で「どこで」「何をしてきたか」、「誰に」「どんな価値を出してきたか」を語れるようにしておく必要があるのです。

複業（パラレルキャリア）やパラレルワークも、はたらく私たちの選択肢になりつつあります。

複業と言うと、異なる複数の会社に所属してはたらくイメージが強いですが、その限りではありません。同じ社内や行政組織の中で複数の部

署を掛け持つ社内複業や庁内複業を推奨する組織も増えてきています。複業をするメリットはさまざまです。収入の増大や安定化はもちろん、やり甲斐を感じる仕事ができたり、専門性や汎用性を高める意義も大きいです。依存先を分散することで、組織の言いなりにならない（別に「逆らえ」と言っている訳ではありません（笑））心の余裕や安定を保つこともできます。

とはいえ、誰もが複業を活用できる訳ではありません。複業を強い選択肢にできる人は、複業先から「当社にも参画してほしい」「ウチの部署にも力を貸してほしい」と思ってもらえる人でしょう。そのためには、自分自身の人材価値を高めていかなければならないですし、ひいては今はたらいている部署で良い仕事ができているか、どんな価値を出すことができているかもものすごく大事です。

・年齢を理由に会社から買いたたかれる人になるか、あるいは「定年後も残ってください。給与はむしろアップしますから」と言われる人になるか
・転職できる人になるか、転職できない人になるか
・複業を選択肢にできる人になるか、一社の言いなりになるか

このいずれもが個人にとって大きなチャンスでもあり、リスクでもあるのです。

2　キャリア自律が求められる時代

最近「キャリア自律」なる言葉が注目を集めるようになりました。キャリア自律とは、変化する環境において個人が自らの考えを持ち、自身の

力でキャリアを切り拓いていくことを意味します。

VUCAの時代、人生100年時代、終身雇用モデルを守り切ることができなくなりつつある時代において、企業組織としても社員が主体的にキャリアを開発していってほしい。キャリアは会社から与えられるものではなく、自分で切り拓いていくもの。企業もその考え方にシフトし、人事部門が社員のキャリア自律を支援したり、リスキリングに投資をし始めています。

言われた仕事をきちんとこなす。その行動にも大きな価値はあります。

ところが言われたことだけをこなしていても、キャリア自律を図ることはできません。環境が変わった時、その仕事がなくなってしまったとき、路頭に迷ってしまうのはあなたです。

自ら人生のハンドルを握る。自らスキルアップし、自分のライフステージや価値観にあった場所を選ぶことができる。自分に最適なはたらき方やパフォーマンスの出し方を実現していくことができる。それができる人は自らのキャリアストーリーを自律的に描き、実践しています。

キャリア自律を図る上でも、「どこで」「何をしてきたか」、「誰に」「どんな価値を出してきたか」のストーリーを説明できる能力は大きな武器になります。

たとえば、経理部門の10年選手がいたとします。あなたは次のAさん、Bさん、どちらをより信頼できるでしょうか。

Aさん「経理部門で10年間はたらいていました」

Bさん「経理部門で連結決算の業務プロセス刷新のプロジェクトリーダーを経験しました。外部の専門家の知恵を借りながら新しいプロセス案を作り、各部門に説明および説得をしながら2年かけて今の仕組みを完成させました」

おそらくBさんではないでしょうか。

「自分は部長ができます」

このような人は異動にも転職にも苦労しますし、キャリアの選択肢が狭まる。つまり、キャリア自律ができない状態に陥ってしまいます。

私の尊敬する兼好法師も徒然草で警鐘を鳴らしています（第八十六段：三井寺のくだり）。興味がある方は、徒然草も紐解いてみてください。

自己説明可能にしておきたいのは経歴だけではありません。自分にどんな強みや弱みがあり、その組織や仕事にどう貢献したいのか。どんなテーマに関心があるのか。時間があったら取り組んでみたいことは何か。組織に知っておいてほしい制約条件があるか。どのようなライフスタイルや行動を重視するのか。このような自己開示も、相手と心地よくつながって、コミュニケーションおよびコラボレーションしていくために欠かせません。

これらが見えない人、自分を説明できない人は「カオナシ」になってしまいます。どう付き合って良いか相手もわからなくなる。あるいは、実際に一緒にはたらいてみてお互いがっかりしてしまう（ミスマッチ）。

自分が活躍する場は、自分で見つける（あるいは出会う）。それがキャリア自律の本質であり、雇用延長、転職、複業などの選択肢を自由自在に使いこなすことができる自由度をあなたにもたらします。

誰とでもつながって仕事ができる。自分に合った環境を選ぶことができる。そのためには、つながって成果を出す力が個人レベルでも必須ですし、専門的なスキルや知識はもちろん、汎用的な能力も不可欠です。
そして、そのような「推される自分」であるためには、今身をおいている部署や仕事が「イケている」ほうがいい。

残念な部署に長年身を委ねていると、仕事のやり方も、考え方も固定化し、どこにも行けない人になってしまいます。たとえば企業の総務部門に勤めている人がいるとして、堅苦しいルールばかりを主張して新しいはたらき方や行動を全否定する担当者と、現行のルールを意識しつつも「やってみましょう」と新たなチャレンジに一緒になって考えて行動してくれる担当者。どちらがイケているでしょうか。

組織から言われたことをただこなしているだけでは、残念ながら人生100年時代をサバイブできない。そのような時代になりました。その結果、定年後に買いたたかれたり、転職もできない人材になってしまうのは、人生100年時代の自分経営リスクと言っても良いでしょう。

残念な部署でぬくぬくと育つと、悪気なく説明不可能な自分になってしまう。どこにも行けない人になってしまう。同じ組織にいても買いたたかれる人になってしまう。そうなってからでは手遅れです。
仕事の価値、職種の価値、部署の価値を高めていく。そのためにも、自分たちの仕事を説明可能にし、仕事や部署のファンを創り、コラボレーションして（他者とつながって）良い仕事の体験を増やしていく。その経験や体験を通じて、自分自身のブランド力すなわちファンを創る力を高めていく。推される自分になるためにも、推される部署を創る。

「あの部署出身なら、間違いないね！」

そう言われるようなビジネスパーソンになっていきましょう。

「推される部署」に変わっていく過程で、組織としての自己説明能力を高めつつ、個人としての自己説明能力をどう高めていくか。その観点で、個人のブランディングについてもここから触れていきます。

自分を磨いてPRする、いわゆる「セルフブランディング」ではなく、あくまで組織の仕事を通じてどう個を輝かせていくかの観点でお話しします。

▶ 時代背景

時代背景

- VUCA（ブーカ）の時代
- 多様化が進む時代
- DXやイノベーションが求められる時代

Volatility（変動性）
Uncertainty（不確実性）
Complexity（複雑性）
Ambiguity（曖昧性）

・過去に答えを求めにくい
・組織（業界・地域,etc.）単独で答えを出しにくい

↓

コラボレーション による課題解決や価値創造が必須

「つながれる私たち」 **「推される部署」** である必要がある

この章のまとめ

・自分たちが何者かを説明できない部署や人はコラボレーションによる課題解決や価値創造ができない【組織経営リスク】
・コラボレーションとは掛け算：掛ける数 と 掛けられる数
・掛ける数にも掛けられる数　どちらにもなれるよう自分説明力を高める必要がある
・残念な部署に身を置いていると、自分説明力が高まらず個人のキャリアの選択肢も狭まる【自分経営リスク】

⇒「推される部署」になろう

第2章

ブランドとは

「推される部署」になるために

ここから、皆さんの部署が「自分たちは何者か」を説明できるようになるために、ひいては「推される部署」になるためにはどうしたら良いか、いよいよ解像度を上げて考えていきます。
「推される部署」であり続けるために欠かせないのが、ブランドの考え方です。
「え、ブランドですか？　スターバックスコーヒー、プラダ、ディズニー？　いやいや、当社はそんな高級ブランド企業ではないから関係ないです」
そう思う人もいることでしょう。
断言します。ブランドとはいわゆる高級ブランドだけを指すものではありません。

第2章では、ブランドとは何か？　なぜ私たちビジネスパーソンはブランドを意識する必要があるのか？　強いブランドを作るための要素は？　ブランドは誰にどんなメリットをもたらすのか？　についてお話しします。

INDEX

推される 004

あなたにとってのブランドは何ですか？　それはなぜですか？

「あなたにとってのブランドは何ですか？」「それはなぜですか？」

これは私がある大手製造業の新入社員と新任監督職に毎年実施しているブランドマネジメントワークショップの冒頭で、参加者の皆さんに聞いている質問です。みなさんも参加者になったつもりで考えて答えてみてください。

「NIKE（ナイキ）が好きですね。小学校3年生の時に、地域のサッカーチームに入ったときにはじめて履いたのがNIKEのシューズで、とても自分に合っていると思ったからです。以来、ずっとNIKEを愛用しています」
「セブン‐イレブンでしょうか。学生時代に近所のセブン‐イレブンのお店でアルバイトをしていて、店長や先輩にとても良くしてもらったんです。仕事の基礎も教えてもらいました。だから、セブン‐イレブンには愛着があります」

このように、いわゆる人気ブランドや著名なブランドを思い出とともにスラスラ答えてくれる人もいます。一方で、なかには考え込んでしまう人も。

「あまりモノにこだわりがないのです」
「特にこれといった趣味もなくて……」

そのような人たちには、私はこんな問いかけをします。

「それでは、『特に好きというほどではないけれども、なんとなく取ってしまうもの』とか『よく選ぶ飲みもの』、『好んで身につけるもの』や『好きな家電』、『落ち着く空間』や『遠方の家族や友達が来てくれた時に必ず案内するお店』などを思い浮かべてみてください」

ポツリポツリ、次のような答えが返ってきます。

「『お～いお茶』ですかね。めちゃくちゃ好きな訳ではないですが、お茶を飲みたいときはいつも『お～いお茶』を選んでいます」
「私の場合はユニクロですね。近所にユニクロのお店があって便利なのと、あまり考えなくてもなんとなく気に入った服を手ごろな価格で買えるので重宝しています」
「そういえば、僕の部屋を見回してみるとシャープの電化製品が多いことに気が付きました。シャープが僕にとってのブランドなのかもしれません」
「木のぬくもりのある空間が大好きで、カフェやレストランに行くときも、旅行をするときもウッド基調のお店や宿を選んでいます」
「特にお店は決めていませんが、『モーニング』ができるお店を友達や家族に案内します。モーニング文化を楽しんでもらいたくて」

いいですね。いずれも立派なブランドです。

「ちなみに沢渡さん、そう言うあなたはどうなんですか？　沢渡さんにとってのブランドを教えてください」

こう聞かれてしまいそうです。そうですね。人にものを尋ねるには、まず自分から話をするべきかもしれません。ではお答えします。私にとってのブランドはずばり、「ダム」です！

と言っても通信カラオケのDAM（ダム）ではありません。主に山奥に佇む、水を貯める巨大建造物のダムです。

「えっ、ダムがブランドになり得るんですか！？」

はい。ダムもブランドになり得ますよ。

なぜ私にとってダムがブランドなのか。3つのエピソードをお話しします。

▶なぜ沢渡あまねにとってダムがブランドなのか？　3つの背景

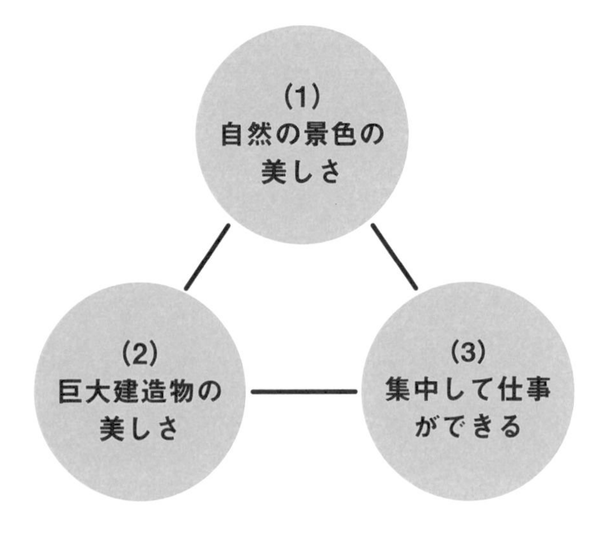

(1)自然の景色の美しさ

私は自然が大好きです。休日は山や海のある土地をドライブするのが好きですし、自然の中で仕事をするワーケーションも自社および自分自身がパフォーマンスを上げるための選択肢として取り入れています。

そして、多くのダムは山奥に存在している。つまり、ダムに行けば必ず大自然に囲まれることができる。これが、私が「ダム推し」になってしまった要因の一つです。

ちなみに今私は「必ず」と言いました。「必ず〜をもたらしてくれる」。これはブランドとは何かを考える上での重要ポイントです。後で詳しく説明します。

(2)巨大建造物の美しさ

私は橋梁や高速道路のジャンクションなどの巨大建造物も大好物。デザインの美しさもさることながら、人間の叡智と技術の素晴らしさに感動するのです。ダムもまた人の知恵と手によって創られた巨大建造物です。

ダムに行けば、必ず巨大建造物を見ることができる。これもダムの魅力の一つです。

(3)集中して仕事ができる

3つ目のダム推しポイント。集中して仕事ができる。いよいよ変なコトを言い出したと訝しがっている方もいらっしゃるかもしれません。

私は作家業を生業としています。日々、こうして原稿を書き続けなければなりません。ところが私の場合カフェやオフィスでは、どうも落ち着いてもの書きに集中できない。人目や雑音が気になってしまったり、話しかけられて集中力が途切れてしまうのです。

一方、ダム際はどうか。休日かつ観光地化されたダム広場ならさておき、平日のダムはほとんど誰もいません。静かです。到着してしばらく大自然と巨大建造物の景色を楽しんだ後、近くの小屋やカフェスペース、駐車場に停めたクルマの中でひたすら執筆する。携帯電話の電波が入りにくいダムなら、なおのこと電話やメールやチャットの着信に邪魔されずに作業に集中しやすい。疲れてふと顔を上げれば、美しい自然と巨大建造物が目に飛び込んでくる。耳をすませば小鳥のさえずりと、樹々のざわめき、条件が合えばかすかな放流音も。ダム際は私にとって控えめに言って「最高かよ！」な環境なのです。

このような体験を繰り返し、私はすっかり「ダム推し」になってしまいました。ちなみに、そのものごとが誰かにとってのブランドになるかどうかを決める体験や原体験を**ブランド体験**と言います。

ダム際で仕事をするスタイルを #ダム際ワーキング と名付けSNSなどで発信していたところ、ワークスタイルの専門家やメディアの編集者、最近では行政機関や地域活性を生業とする人たちが関心を持ってくれ、ワーケーションの一形態かつ地域活性のスタイルとして広がりつつあります。

▼ダムの近くだとなぜか仕事がはかどる？　ワークスタイル専門家・沢渡あまねさんが勧める「#ダム際ワーキング」とは（WORKMILL）

https://workmill.jp/jp/webzine/damworking-20230210/

WORK MILL

ダムの近くだとなぜか仕事がはかどる？　ワークスタイル専門家・沢渡あまねさんが勧める「#ダム際ワーキング」とは

2023.2.10

よみもの

WORKGOOD　リモートワーク

ワーケーション　働き方

Web メディア「WORKMILL」2023年2月10日の記事

2022年4月には、川根本町（静岡県）、国土交通省と当社がコラボレーションし「# ダム際ワーキング」スポットが長島ダムふれあい館にオープン。旅行、ドライブ、ツーリングがてらに立ち寄ってちょっとした仕事や読書を楽しめるスポットとして、訪れる人たちに解放されています。浜松市佐久間町（静岡県）も、2023年より地域ブランディングの一環として # ダム際ワーキング に取り組み始めました。「東海エリアで学ぶ、はたらく。ダム＆ワーキングフィールド」をコンセプトに、佐久間町では地域の図書館や宿泊施設の一部をワークスポットとして解放しはじめたり、静岡県立浜松湖北高校佐久間分校と連携して高校生と社会人がともに学ぶキャリア教育プログラムも展開しています。

▼ダム際で仕事いかが　川根本町「ワーケーション」提案　長島ダムふれあい館（あなたの静岡新聞）

https://www.at-s.com/news/article/shizuoka/1060589.html

2023年7月11日(火)

あなたの静岡新聞

静岡新着　知っとこ　追っかけ　全国新着　SBS TV　SBS RADIO

ダム際で仕事いかが　川根本町「ワーケーション」提案　長島ダムふれあい館

川根本町が同町大間の「長島ダムふれあい館」の一角にワーキングスペースを整備し、29日にオープンを迎えた。コロナ禍で働き方が多様化する中、通称「ダム際ワーキング」として、ダムを眺めながら非日常的な環境で仕事をする新しい働き方を提案する。これまでの観光に加えて働く場としてもPRし、長島ダムを含む接岨峡地区への来訪者の増加と認知度向上を図る。

同館は長島ダムやダム周辺地域の情報を映像やパネルで紹介する施設。ダムを一望できる窓際のスペースにテーブルと椅子、コンセントを設置した。今秋までに無料Wi-Fiを完備し、屋外デッキにもテーブルや椅子を設ける予定だ。

週間アクセスランキング

「あなたの静岡新聞」2022年4月30日の記事

▼『佐久間にサクっとドロップイン！』 #佐久間ダム際ワーキング

https://sakuma-dropin.com/

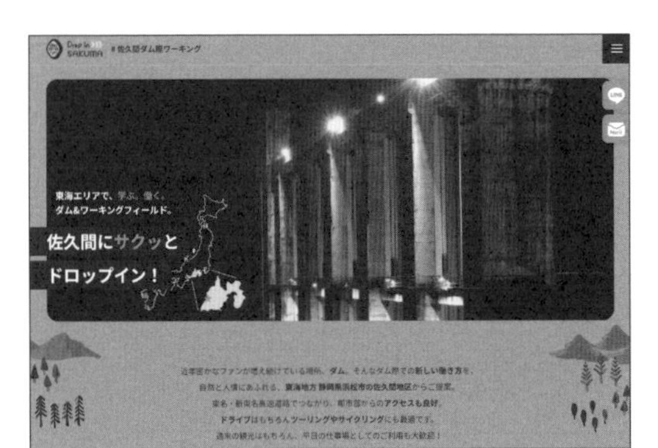

「#佐久間ダム際ワーキング」のWebサイト

佐久間町の取り組みは、和歌山県にも波及。佐久間分校での #ダム際ワーキング キャリア教育プログラムに登壇者として参画した島田由香さん（株式会社 YeeY 代表）が感銘を受け、島田さん自身がワーケーションとウェルビーイングを軸にした地域活性に携わっている和歌山でもやろうとなり、2023年2月には和歌山県の共催で島ノ瀬ダムと田辺高校で #ダム際ワーキング キャリア教育プログラムを実施。今後も開催することになりました。

このようにダムを軸に組織や地域を超えた共感者（ファン）が集まり、私も想定し得なかった新たな取り組みが起こり始めています。ダムもブランドになり得る。それを私自身、肌身で実感しています。

どんなものもブランドになり得る。

それをおわかりいただけたのではないかと思います。では、ブランドとはいったい何なのでしょうか。

推される 005

そもそもブランドとは何か

なんでもブランドになり得ることはわかった。ところで、そもそもブランドとは何なのでしょうか。ブランドの意味を皆さん自身が説明できるようにしていきたいと思います。何事も定義は大事。それが説明できる状態になるのはさらに大事です。

米国マーケティング協会（AMA）はブランドを次のように説明しています。

ブランドとは（米国マーケティング協会（AMA）の説明）

ブランドとはある売り手の財やサービスを他の売り手のそれと異なると認識するための名前・用語・デザイン・シンボル、およびその他の特徴。

大変シンプルでイメージしやすい説明文です。一方で、「おや」と思う部分もあるかもしれません。

・名前、用語、デザイン、シンボルがない（またはふわっとしている）ものごともあるのではないか。たとえば、「木のぬくもりのある生活」のようなものに、それとわかる名前や用語があるか？

・製品やサービス以外のものもブランドになり得るのでは？

・「売る」行為しか説明されていない。「地域ブランディング」「採用ブランディング」などの言葉が示す通り、ブランドは売るためだけのものではないのでは？

なにより、覚えてスラスラと言えるようにするには、上記の説明文ではまだ長いかもしれません。私も見ないと言えません（苦笑）。

そこで、私は世界一やさしく覚えやすいブランドの定義を提案します。これさえ覚えていただければ結構です。

ブランドとは

ブランドとは「また買いたい」「また利用したい」と思わせる力

いかがでしょう。この説明ならば、製品やサービスを売るための行為だけではなく、さまざまなものごとや、さまざまな行動とブランドの関係が説明できますし、なにより覚えやすく口ずさみやすいでしょう。

ディズニーを例に、ブランドの意味を考えてみましょう。ディズニーは世界中に多くのファンを有するブランドです。

ディズニーの世界観や、ディズニーの製品やサービスが提供する価値に共感する人が、「いつかディズニーランドに行きたい」「またディズニーランドを訪れたい」「ディズニーの製品を買いたい」と思い、購入などの行動を起こします。また、「中の人（ディズニーの施設などではたらく人、製品やサービスの提供者）」になりたいと思わせる力も作用し、ディズニーの社員になる人もいるでしょう。

この状態は、ディズニーとファンの間に「また買いたい」「また利用したい」と思わせる力がはたらいていると説明できます。この力こそがブランドなのです。

ダムと私の関係も然りです。「また行きたい」と思わせる力がダムと私の間にはたらいている。だから、私は今日もダムに向かいます。

ブランドに関して、できればもう1つ覚えてほしい重要な要素があります。それが、ブランドになり得るかどうかを決めるのは誰かです。

それがブランドになるかどうかを決めるのは誰か

ブランドは、相手が決めるもの。

企業がどんなに製品や企業のPRに力を入れたとしても、振り向いてくれる人もいれば、そうでない人もいます。

ディズニーの世界観に共感する人もいれば、興味を示さない人もいるでしょう。私のようにダムを気にする人もいれば、気にも留めない人もいるでしょう。よもやダムにワークスポットや学習の場としての価値があるだなんて、地域の人やダムを維持管理してきた人たちですら想像しなかったかもしれません（実際に、ダムを管理する企業や自治体の人たちに驚かれることがあります）。中高年の男性ビジネスパーソン向けに作った商品が、若手の女性の旅行客にウケた。そのような例もあります。

そうなんです。それがブランドになり得るかどうかは、受け手すなわち相手が決めるもの。そして、誰がどんな価値を見出してくれるかは、作り手の一方的な思いや発信だけではわからないのです。

よって、自分たちだけで相手や価値を決めすぎず、さまざまな人たちと対話をして価値を発見してもらう。その取り組みも、ブランド創りには重要なのです。

▶どんなものもブランドになり得る

特定の企業・商品・サービス	例:プラダ、ディズニー、SONY、NIKE、コカ・コーラ、ヤマハ、カルビー、お〜いお茶……
世界観や考え方	例:木のぬくもりのある生活、地球環境にやさしい製品……
コンセプトやライフスタイル	例:色、香り、味、読書、アウトドア、ツーリング、「サ活」(サウナ活動)、「乗り鉄」……

ブランドとは、ディズニー、プラダ、リッツカールトンなどのいわゆる高級ブランドだけに限りません。極端な話、企業や商品のみならず、あらゆるものごとがブランドになり得ます。以下はブランドの例です。

(1)特定の企業・製品・サービス

例:ディズニー、SONY、NIKE、コカ・コーラ、カルビー、ユニクロ、ヨドバシカメラ、お〜いお茶

(2)世界観や考え方

例:木のぬくもりのある生活、地球環境にやさしい製品

(3)コンセプトやライフスタイル

例:色、香り、味、読書、アウトドア、ツーリング、「ソロキャン」(ソロキャンプ)、「サ活」(サウナ活動)、ダム巡り

(4)地域

例:北欧、北海道、静岡県浜松市

(5)組織・業界・職種・人

例：○○株式会社、株式会社△△の研究部門、デジタルマーケティングの仕事、金型職人、あなた自身

このように、どんなものごともブランドになり得るのです。特に最後の一言に注目してください。

「あなた自身」

そう、この記事を今読んでいるあなたもブランドになり得ます。つまり、ブランドとは会社組織の経営や地域の運営のためだけでなく、私たち一人ひとりが強く生きていくためにも重要な考え方なのです。

006

ブランドとは「(また)この人たちと仕事したい」と思わせる力

ここからさらに部署や私たち個人に焦点を当てて、ブランドの意味を紐解いていきましょう。

ブランドとは「また買いたい」「また利用したい」と思わせる力であると定義しました。見方を変えれば、ブランドとは「(また) この人たちと一緒に仕事したい」と思わせる力と解釈することができます。そして、ブランド力は企業対企業や企業対個人のみならず、部署対部署や個人対個人の間柄においてもはたらきます。ブランドが影響を及ぼすのは、顧客、お取引先、入社候補者など「外の人」だけではありません。「中の人」、すなわちチームのマネージャーや同僚など、いわば半径5m以内の人たちと良い関係を築くためにもブランドの考え方は大変重要です。

▶「ブランド(また一緒に仕事したいと思わせる力)」がうまれる関係性の例

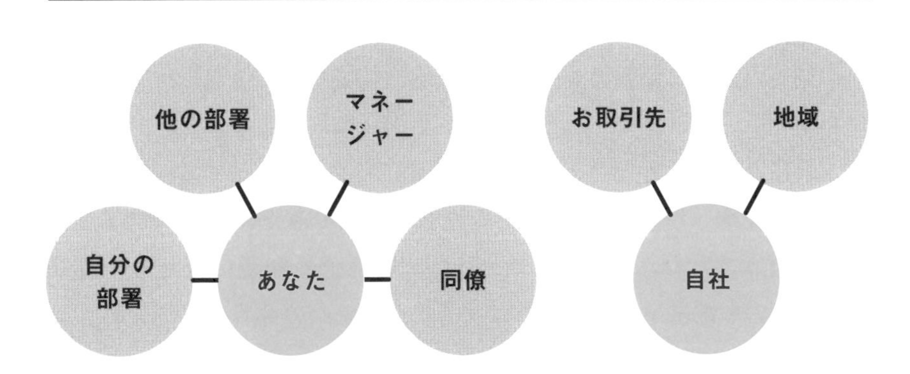

たとえば、あなたはデータを分析する仕事が得意だとします。日々データ分析の仕事にコツコツと取り組み成果を出していれば、マネージャーや同僚はデータ分析の仕事をまたあなたにお願いしたいと思うでしょう。いつの間にか、他部署の人からもデータ分析の仕事を頼まれるようになるかもしれません。こうしてデータ分析の仕事がより多くあなたに舞い込むようになり、データ分析の経験と実績が増え、「あなた＝データ分析のプロ」のブランドが確立する。いわば、自分ブランドを築くことができます。

自分ブランドは、あなたの行動パターンや行動特性によっても形成されます。

・意思決定が早い
・行動が早い
・作業が正確
・発想が自由
・聞き上手
・何事もポジティブにとらえる
・交渉がうまい
・ファシリテーションが得意

何気ない日々の仕事のシーンにおける、何気ないあなたの行動の積み重ねが相手の「ブランド体験」（相手にとって、そのものごとや人がブランドになり得るかどうか）を創ります。そのブランド体験が、「またあなたと仕事したい」「いつかあなたと仕事してみたい」ひいては「あなたの言うことなら信頼できる」と思わせる力を相手にもたらすのです。この力を部署単位で高めれば、それがあなたの部署のブランド、すなわち「（また）この人たちと一緒に仕事したい」力に変わります。

推される 007

なぜ企業組織はブランドを強化する必要があるのか？

ブランドが良い状態で効力を発揮し、良い共感者・理解者・協力者（ファン）を惹きつける状態を作り出す（および保つ）取り組みをブランドマネジメントと言います。

なぜ、世の中においてブランドマネジメントが重要視されているのでしょうか？　企業や自治体などの組織はブランドを重視し始めているのでしょうか？　2つの着眼点で考えてみましょう。

1 ファンがファンを呼ぶ

ある製品と消費者の関係で考えてみましょう。物やサービスがあふれている時代、ただ単にそれが目新しい、品質が良い、安い、よく知っているなどだけでは、消費者は購入行動を起こしにくくなりました。イベントやキャンペーンなどで一度その製品を購入してくれたとしても、その人が繰り返し購入してくれるとは限りません。とはいえ、イベントやキャンペーンをやり続けるのはお金も労力もかかります。

その企業や製品のブランド力が高ければ、一度その製品を購入してくれた顧客は、再びその製品を購入してくれる可能性が高くなります。いわゆるリピーターになってくれます。またインターネットやSNSなどのツールの普及に伴い、リピーターの口コミがその製品を買ってくれる新たな顧客、すなわち新規顧客を引き寄せてくれます。既存顧客が繰り返し製品を購入してくれ、既存顧客が新規顧客を呼び込む。ブランドはその好スパイラルをもたらしてくれる。いわば、既存のファンが新たなファンを呼んでくれるのです。企業はマーケティングコストやコミュニケーションコストをかけすぎず、自社のことを「わかってくださる」良い顧客を獲得および維持し続けることができます。

2 雇用環境の変化

組織を運営するための、「中」の観点でもブランドマネジメントの重要性は高まっています。

▶世界中で雇用環境が変化している

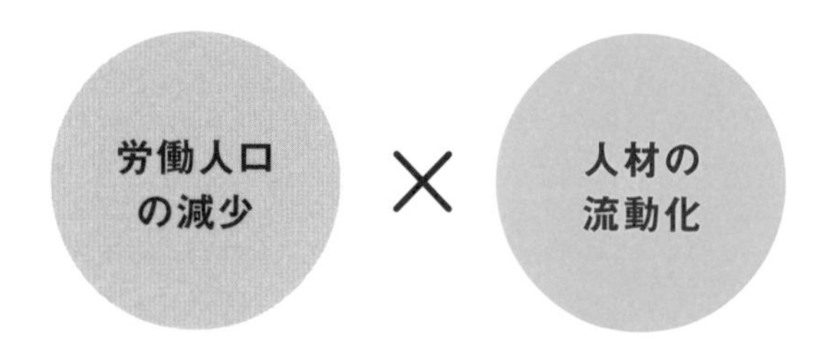

この掛け算が世界中で進行しています。いわゆる人口ボーナス期は既に過去のもの。どの業界においても、人材獲得と維持は難しくなりつつあります。転職をするハードルも劇的に下がってきています。

・収益性が高い
・待遇が良い
・生産性が高い

・労働条件や職場環境が良い
・はたらき甲斐がある

そのような企業に自ずと良い人が集まります。しかしながら、ブランド力のない企業は上記を満たすことができません。

自社の製品やサービスを差別化できず、コモディティ化（陳腐化）してしまう。「わかってくださる」良質な顧客に恵まれず、理不尽なクレーマーに振り回される。そうした職場環境にストレスを抱え、なおかつ長時間労働や低賃金が常態化し、良い人がどんどん辞めていく。良い人が残らないものだから、新しい発想や改善も生まれにくい。ますます、収益性が低くなる。負のスパイラルです。

企業組織が良い人を獲得および維持し続けるためにも、ブランドマネジメントは極めて重要なのです。

推される 008

ブランドの3要素とは

あなたが勤務する企業や所属する地域、あなたの部署、あなた自身のブランド力を高めるにはどうしたら良いか？　3つの要素を説明します。

1 ブランドの3要素「Trust（信頼）」「Special（特別）」「Familiar（親しみやすさ）」

ブランドはTrust（信頼）、Special（特別）、Familiar（親しみやすさ）の3つの要素で成り立っていると言われています。これら3つの要素のすべて、ないしはいずれかが突出しているブランドを強いブランドと考えることができるでしょう。

▶ブランドの三要素

Trust
信頼できる存在であること

Special
特別な存在であること

Familiar
親しみやすい存在であること

高級ホテル、高級レストランなどのようなプレミアムブランドを想定してみましょう。そこに行けば日常では味わえない極上のひと時（これがSpecial）を必ず（これがTrust）を体験することができる。利用者はそれを期待して、高い対価を払います。もし、スタッフからぞんざいな扱いを受けたり、料理が冷めていておいしくなかったりしたら？　その利用者は二度とそのホテルやレストランを利用したり、他者に薦めることはないでしょう。

いわゆるプレミアムブランドは、Special（特別）とTrust（信頼）が秀でていることで他の製品やサービスと差別化し、ブランド力を保ち続けていると考えることができます。但し、Familiar（親しみやすさ）はそれほど強くないかもしれません。テレビのCMやインターネットの広告などで頻繁に見かける訳でもなく、日常的に気軽に利用できるものでもないでしょう。もちろん、その高級ホテルやレストランのメインターゲットである富裕層向けにはダイレクトメッセージを送ったり、クローズドなコミュニティを形成して情報提供をしたり、会員サービスを提供したりなど、Familiar（親しみやすさ）高める取り組みをしている企業もありますが、一般消費財と比較すると親しみやすさは低いと考えられます。

一方で、低価格を売りにしている飲料やお菓子などの一般消費財はFamiliar（親しみやすさ）勝負。親しみやすく人々の記憶に残りやすいネーミングやキャッチコピーを考え、テレビCMやインターネット広告や街角の看板などありとあらゆる手で露出し、一般の人たちの認知を高め、スーパーマーケットやコンビニエンスストアの「一等地」（消費者に最も訴求できる、目立つ位置）にその商品を並べてもらえるようにする。消費者が「欲しい」と思ったときにすぐ手に入るよう、購入できるタッチポイント（接点）を増やす。メーカー各社はそこに命を懸けていると言っても過言ではありません。大量生産、大量消費型のビジネスモデルが色濃い一般消費財は、Familiar（親しみやすさ）が優位と考えることができます。

ブランドの3つの要素、すべてに秀でている必要は必ずしもありません。3つの要素のうちどれが秀でているか？　どこを強化していきたいか？　自組織のビジネスモデルや、自部署の役割などと照らし合わせて考えてみてください。

2 ブランドの3要素で自分のチーム、自分の振る舞いを振り返ってみよう

ブランドの3要素で、自分のチーム（部署や担当）や自分自身の行動を振り返ってみましょう。

まずは、あなたのチームやあなたが日々一緒に仕事をしたり、価値を提供する相手（ブランドステークホルダーと言います）を想定してみてください。社内の関連他部署、経営陣、顧客、お取引先、あるいは地域の人たちなどが考えられるかもしれません。

次に、あなたのチーム（またはあなた自身）は、彼ら／彼女たちに対してどう振る舞えているか、どんな期待にどう応えられているか、ブランドの3要素で考えてみましょう。

Trust（信頼）

これだけは必ず守っている（裏切らない）こと、これだけは譲れないこだわりはありますか？

（例：正確なアウトプットを心がけている。受けた問い合わせに対してその日のうちに回答する。意思決定が早い。常に新たな発想を盛り込む

ようにしている）

Special（特別）

他者とは違う突出した体験を提供できていますか？「際立った」「尖った」存在になれていますか？
（例：特定の技術や知識に秀でている。社内外の人的ネットワークが豊富である。最新のITツールを取り入れて、新しいはたらき方をしている。面白い意見が飛び交っている）

Familiar（親しみやすさ）

あなた（たち）が何をしている人（たち）なのか周りの人たちは知っているでしょうか？　話しかけやすい雰囲気でしょうか？　相談するための接点（タッチポイント）はあるでしょうか？
（例：チームのビジョン、ミッション、役割、メンバーのプロフィールがイントラネットやインターネットのサイトで公開されている。問い合わせ窓口が明示されている。快く相談に乗ってくれる。スケジュールが公開されている。チャットなどオンラインで話しかけられる接点がある）

このような振り返りを個人単位で、あるいは新たな期がスタートするときのキックオフミーティングなどでチームでわいわいとディスカッション形式で行ってみるのも良いかもしれません。

3 Trust（信頼）とFamiliar（親しみやすさ）に気を配ってみよう

チームや個人のブランドを考える時、意外と見落としがちなのがTrust（信頼）とFamiliar（親しみやすさ）です。

たとえば、あなたの身の回りにはこんな人はいないでしょうか？

誰にも負けない専門知識や技術を持っていて、頼りがいがある職人気質な人。しかしその人は……

・誰に対しても態度が高圧的。怖くて話しかけにくい
・説明が難しすぎてわからない
・突然の遅刻や欠席が多い
・自席（テレワーク含む）にいるのかいないのかわからない

こういう人はSpecial（特別）は高くても、Trust（信頼）とFamiliar（親しみやすさ）で損してしまっている可能性があります。チーム全員がそのような状態だったとしたら、チームのブランドを損ねてしまっています。

大変もったいない！

・傾聴スキルを身につける
・わかりやすく説明するスキルを身につける
・口頭以外、対面以外のコミュニケーション手段を活用する
（対面ではわかりにくくかつ「不機嫌」でも、チャットだとわかりやすくかつ不機嫌に思われない文章を書く人もいます）
・生活習慣を改める／セルフマネジメントを強化する
・健康状態やプライベートの事情があるならばそれを示す

・ITツールを活用し、スケジュールや在席状況（在席、離席、休暇など）を示す

このような能力開発および行動の改善で、Trust（信頼）とFamiliar（親しみやすさ）を高めることができるでしょう。

とはいえ、人は誰しも強みと弱みがあります。本人の性格やコンディションにより、克服できないものもあるでしょう（にんげんだもの）。本人の努力の問題で片づけようとせず、チームで向き合っていきたいものです。

・他者との対話が苦にならない（あるいは得意な）メンバーにフロントに立ってもらう
・図解が得意なメンバーとペアで仕事をする
・さまざまなコミュニケーションツールを活用する
・場所や時間に影響を受けない仕事のやり方に変える

弱みを無理に克服させるのではなく、メンバー一人ひとりが強みを発揮できるようにしていく。それこそが大事で、その積み重ねがチームと個人のブランド力を高めると言っても良いでしょう。

「また、あなた（たち）と一緒に仕事したい」
「いつか、あなた（たち）と一緒に仕事したい」

そう思ってもらうためにどんな行動を増やしていったらよいか？部署やチームでわいわいと振り返ってみてはいかがでしょうか。

推される 009

ブランドステークホルダーについて考えよう

その企業や地域や組織のブランドが強くなると、誰にどんな良いことがあるでしょうか？　平たく言えば、ブランドとは誰得なのでしょうか？　想像してみましょう。

ブランドに関係する人たちを、ブランドステークホルダーと言います。ブランドは相手が決めるもの。すなわち、ブランドとは作り手のみならず受け手などさまざまな人との関係性によって成り立っています。

あなたの企業組織や地域、部署やチームや仕事がどんな登場人物、すなわちブランドステークホルダーによって成り立っているのか言語化してみます。

一般的に、ブランドは6者に価値を提供すると言われています。その6者、すなわちブランドステークホルダーは次の通りです。

▶ ブランドは6者に価値を提供する：ブランドステークホルダー

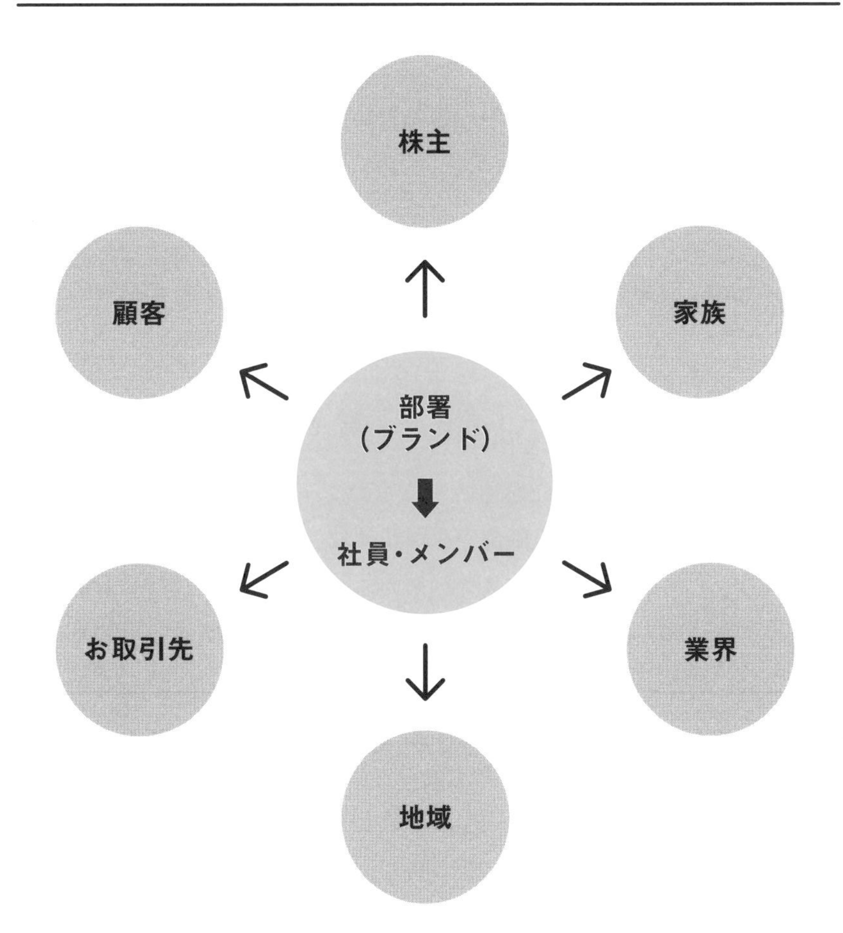

1 顧客

顧客は最も重要なブランドステークホルダーと言って良いでしょう。対価でもって、その企業や組織の製品やサービスを評価してくれるのはもちろん、口コミなどの行動で新たな顧客を増やしてくれる頼もしいパートナーにもなり得ます。その企業のブランド価値が上がれば、その企業が提供する製品やサービスを利用または所有する行動に対する自己効力感や誇りも高まり、さらに強力なファンになってくれます。

2 社員・メンバー（含む経営者）

組織を運営する中の人たちも大事なブランドステークホルダーです。その企業や組織のブランド価値が高い状態は、売上や利益の増大、お取引先への求心力向上、社員・メンバーのエンゲージメント（帰属意識や愛着、誇り）向上や定着率向上、人材採用のしやすさ、地域の協力の得やすさなど経営上さまざまなメリットをもたらします。社員・メンバーも、その企業組織や地域、その職種ではたらくエンゲージメントが高まり、また賃金などの待遇が向上することにより、より長く勤務したい、または大事な知人に就職や転職先の候補として、または顧客やお取引先として紹介したいと思うようになります。

今の時代、正社員だけがメンバーとは限りません。派遣社員、パートナー企業のスタッフなど外部の人たちと一緒に組織を運営するスタイルも一般化してきました。正社員のみならず、さまざまな雇用形態や契約形態の仲間もメンバーととらえリスペクトし、よい従業員体験（EX:Employee Experience）ができるよう職場環境やコミュニケーションを改善していきましょう。

3 取引先

お取引先の存在も見逃せません。自社や組織のビジョン、ミッション、バリューや目指す方向に共感してくれるお取引先を大切に。長い目で見て、パートナーの関係で共創できるお取引先とつながることができているか？　自社や自組織が苦しいときに、助けてもらえる関係性を築くことができているか。買いたたく／たたかれる関係、元請け／下請け関係になっていないか。良いビジネスパートナーと、良い仕事ができる。その関係性は、お互いの組織のブランドを高めます。

4 株主・投資家・金融機関

株主・投資家・金融機関、これらの人たちはお金の面で組織を支援してくれるブランドステークホルダーです。いわゆるIR（Investor Relations）などの取り組みは、株主・投資家・金融機関をファンにする（またはファンであり続けてもらう）ための行動であり、ブランドマネジメントととらえることができます。

5 地域

地域社会もブランドステークホルダーです。その企業組織が事業所を置いている地域、事業活動をしている国や自治体。地域に敵を作っていないか、地域のファンを増やすことができているか。その観点も、事業運営上きわめて重要です。

6 家族

社員・メンバー、お取引先、顧客などの家族も、ブランドを支えてくれる大切な仲間です。

会社が厳しい局面にあるとき、新製品の開発やトラブル対応などで仕事が忙しいとき、家族の理解と支えがなければ社員・メンバーもお取引先の担当者も良い仕事はできないでしょう。

「お母さん、お父さんはいい会社に勤めているね」

「ウチの子は、良い仕事にめぐり合うことができた」

そう家族に思ってもらえるかどうか。振り返ってみましょう。

余談ですがテレワークの普及に伴い、親がどんな仕事をしているかが見えるようになった。その結果、子どもの親に対するリスペクトが上がり家族の絆が強くなったり、子どもがはたらくことに対してイメージが持ちやすくなった、そんな変化が生まれてきたと言います。家族に仕事を見せる、家族に仕事を説明可能にする。それも大事なブランドマネジメントです。

上記6者はあくまでブランドステークホルダーの一例でありすべてではありません。時代の変化、業態の変化、取り扱う製品やサービスの変化などに伴い、ブランドステークホルダーも変わります。

皆さんにとっての現時点でのステークホルダーは誰か、そして皆さんの所属する企業組織や地域、あるいは部署やチームは誰にどんな価値を出しているか？　是非とも話し合って言語化してみてください。

加えて、この6者および皆さんが言語化したブランドステークホルダーの頭に次の一言をつけてみてください。

「未来の」

さらに景色が変わって見えることでしょう。

010 6つのブランディング活動とは

ブランドを高めるための取り組みを、ブランディングと言います。私は企業組織や地域、部署が行うブランディング活動を2×3の6つのマトリクスで大きく分類しています。あなたの所属組織や部署に足りていないブランディング活動は何か？　どの活動に力を入れていけば良いか？現在位置の把握と今後の行動計画を立てる上で活用してみてください。

1 インターナルブランディングとエクスターナルブランディング

ブランディングを対象者（to whom）で区分したとき、大きく中の人（インターナル）向けと外の人（エクスターナル）向けに分けることができます。

社員･メンバーなど組織の中の人向けのブランドマネジメント活動を、インターナルブランディング（またはインナーブランディング）と言います。

社内報、社内Webサイト、社内イベント、社内勉強会や研修会、社内読書会、社内対話会やタウンホールミーティング（経営陣が事業所を周り社員と対話する試み）、社員向け製品体験会、QCサークルなどの改善活動、これらは社員・メンバーに自社らしさを知ってもらい、自社らしい行動を促すインターナルブランディングととらえることができます。

部署単位のインターナルブランディング活動も重要です。部門長メッセージ、部内でのお互いの人となりを知るための取り組み、部門長とメンバーの対話会、部内勉強会。このように、部署単位でのインターナルブランディングに力を入れる企業も増えてきています。

インターナルブランディングというと正社員のみを対象としがちですが、その考え方も見直したほうが良いかもしれません。これからの時代、いや既に、派遣社員、ビジネスパートナー企業のスタッフ、その他外部の専門家と一緒にチームを組んで仕事をする機会は増えてきています。同じ仕事をする仲間。その観点で、正社員以外の人たちもインターナルブランディングの対象にしてみても良いでしょう。外部の協力者の、組織や仕事に対するエンゲージメントや仲間意識、「ファン度」も高まります。

私は自動車会社の海外マーケティング部門に勤務していた頃、部署メンバー向けの試乗会を企画したことがあります。メンバーの製品（クルマ）と仕事に対するエンゲージメントの向上が大きな目的の一つです。

自動車会社に勤務しているにもかかわらず、クルマを知らないメンバーが多い。都心の本社に勤務していると、悪気なくクルマとの距離も遠くなりがちです。とりわけ海外向けのクルマは、国内では見たり体験する機会がないことも多く、社員がクルマを「どう体験するか」は大きな課題の一つでした。そこで私たちのチームは、テストコースを貸し切って部内試乗会を開催し、海外向けを含むクルマを体験する場を提供しました。その際、派遣社員やビジネスパートナーのスタッフも参加可能にし、製品体験の垣根を下げました。結果は上々。社員の製品理解が進みエンゲージメントが高まったのはもちろん、派遣社員やビジネスパートナーの仲間たちも生き生きとクルマの特徴や試乗体験を語るなど、意識と行動の変化が生まれました。

エクスターナルブランディングとは、顧客、お取引先、採用候補者、株主・投資家・金融機関など外部の人たちをファンにするための取り組みです。「見込み顧客」など、現時点でブランドステークホルダーになっていない外部の人たちも含みます。インターネットサイトやSNSなどでの情報発信、会社案内、テレビやラジオのCM、製品や企業のプロモーションイベント、投資家向けイベント、会社説明会や採用イベント、社外共創活動やコミュニティ活動、その他CSR関連の活動などがエクスターナルブランディングととらえることができます。

部署の行動で考えると、他部署や社外に対して自部署の強みや取り組みを知ってもらう行為は立派なエクスターナルブランディングと考えられます。

社内報や社内メディアで自部署の取り組みを発信したり、TeamsやSlackなどのコミュニケーションツールで取り組みやノウハウを社内の人に知ってもらう。あるいは、自ら勉強会などを企画して運営しても良いかもしれません。自分たちの仕事に光が当たれば、メンバーの仕事に対するエンゲージメントも高まるでしょう。

また、自部署の仕事を外に発信することで、意外な外の協力者が見つかるかもしれません。採用にも有利にはたらくことでしょう。自分たちの仕事を言語化し、知ってもらう。それは部署単位でできるエクスターナルブランディングなのです。

2 プロダクトブランディング、コーポレートブランディング、コンセプトブランディング

次に何（what）をブランディングするか？　プロダクトブランディング、コーポレートブランディング、コンセプトブランディングの3つのカテゴリーでとらえてみます。

プロダクトブランディングとは、文字通り製品やサービスの認知を高めファンを増やす（または維持する）取り組みを言います。最もわかりやすくかつ馴染みがあるでしょう。

会社など組織そのものを知ってもらう取り組みも重要です。これをコーポレートブランディングと言います。Webサイト1つとってみても、製品・サービスのサイトと、企業情報サイトを分けている企業があります。これは、プロダクトブランディングとコーポレートブランディングを分けているととらえることができます。

製品・サービスのファンを増やしたい場合、あえて企業名を表出させない戦略をとることがあります。前出の「お～いお茶」などはその一事例ととらえることができます。一方で、企業としての訴求や信頼感を高めたい場合は、企業名を表に出してブランディングしたほうが効果的でしょう。どちらが良い悪いではなく、あくまでブランド戦略としてプロダクトとコーポレート、どう訴求していくかを考え実践しましょう。

コーポレートブランディングとは単なる会社紹介ではありません。その企業組織のミッション・ビジョン・バリュー・パーパス、経営理念や中長期の事業計画、財務状況、歴史、技術、部署、人、知識やノウハウ……これらもコーポレートブランディングの対象となり得ます。部署のブランディングもコーポレートブランディングの一形態ととらえられる

でしょう。自部署の業務内容、目指す姿や大切にすること、主な取り組み、メンバー、知識やノウハウなどを社内外の人に知ってもらう。それが組織のファンを増やすことにつながります。

最後にコンセプトブランディング。コンセプトブランディングとはその企業や組織が目指す、または創り出す世界観や価値観の理解浸透を促進しファンを増やす行為です。

たとえばキャンプ用品のメーカーが、キャンプのある景色や世界を動画で伝える。それにより、キャンプそのものに理解を示してもらう。これはコンセプトブランディングと考えられます。木材を使った住宅メーカーや工務店で、木のぬくもりのある生活のコンセプトを発信したり、森林セラピーなど木がもたらす価値や世界観を体感する場を設けている企業があります。木に対する理解や、木のぬくもりのある生活の理解者や体験者を増やすことで、自社の事業や製品・サービスのファンを増やす。そのようなブランディング効果が生まれます。

サイボウズは、はたらき方改革の取り組みやメッセージを強く発信しています。おそらくサイボウズと言えばはたらき方改革、はたらき方改革と言えばサイボウズを思い浮かべる人も少なくないでしょう。これは、サイボウズが大切にする価値観や、サイボウズの製品やサービスを通じて実現したい世界観のコンセプトブランディングと考えることができるでしょう。

人はその組織や人の世界観や価値観に共感すると、もっとその組織や人と関わりたい、その組織や人が手掛けた製品やサービスを利用したい（または推したい）と思う生き物です。自社や自組織が価格競争やサービス競争で削られないためにも、ほんとうに目指したい世界を実現するためにも、自分たちが大切にする価値観や世界観を発信する（および体現する)。そうしてファンになってもらう。コンセプトブランディングに力を入れていきましょう。

この2×3のマトリクス(構造図)を眺めてみて、みなさんの組織にどの取り組みが足りていないか？　どの象限の活動を強化したら良いか？是非チームで話し合ってみてください。

ブランディング活動6分類

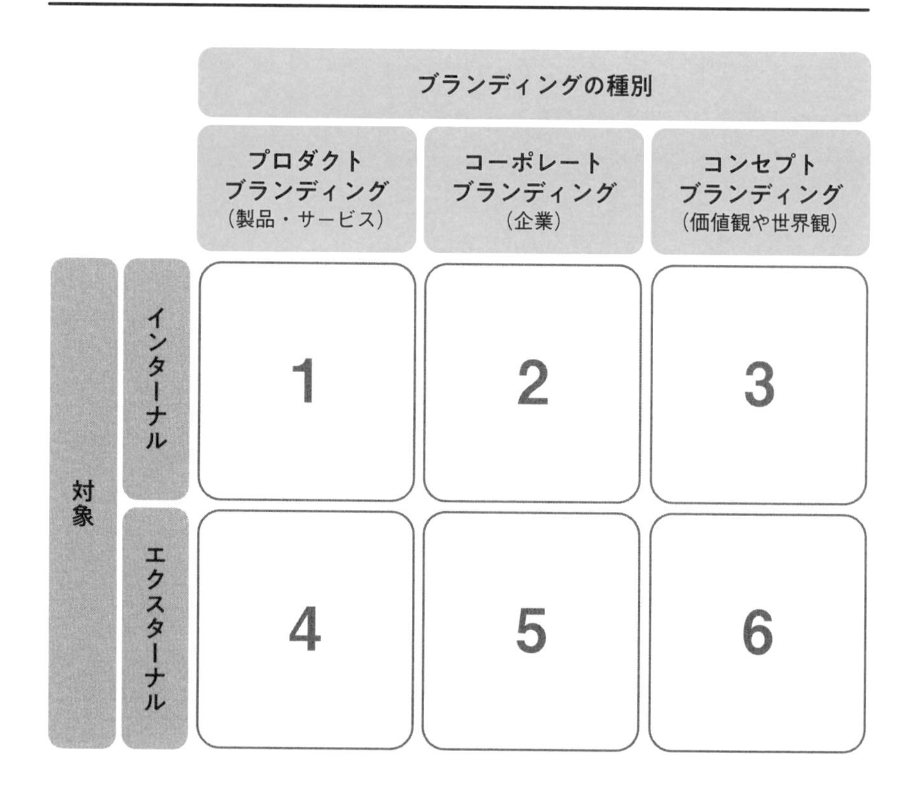

一般的に、「4」すなわち、エクスターナル×プロダクトブランディングはどの企業組織も力を入れていることでしょう。「4」がなければ、自社の製品やサービスを顧客に知ってもらえないですし、営業担当者などが自社の製品サービスを説明するのも大変ですから、コミュニケーションコストを下げる意味でも「4」は必須と言えるでしょう。一方で、「3」と「6」、コンセプトブランディングは中に対しても外に対しても手薄かもしれません。「3」と「6」をおざなりにすると、なぜあなたたちがその事業領域や製品・サービスに取り組むのかがぼやけてしまい、顧客に対しては価格面や知名度以外での差別化が、社員・メンバーや採用候補者に対しては企業規模や待遇面、事業所の立地など以外での差別化がしにくくなってしまいます。その意味では「2」「5」もおざなりにはできません。とりわけ提供価値が目に見えにくい、BtoB企業やITなど目に見えにくいサービスを提供している企業や部署は、プロダクトブランディングでの訴求や差別化がしにくい。コーポレートブランディングやコンセプトブランディング、すなわち「2」「3」「5」「6」で自分たちを説明可能にし、差別化し、ファンを増やしていく。ここに力を入れましょう。

このような議論を、みなさんのチームでも展開してみてください。

この章のまとめ

・ブランドとは「また買いたい」「また利用したい」と思わせる力

・ブランドは、相手が決めるもの

・あらゆるものがブランドになり得る

・ブランドとは「(また) この人たちと仕事したい」と思わせる力。部署や個人もブランドととらえよう

・ブランドの3要素「Trust（信頼）」「Special（特別）」「Familiar（親しみやすさ）」を意識しよう

・ブランドステークホルダーを言語化してみよう

・6つのブランディング活動ができているか考えよう

⇒部署のブランドマネジメントをしよう

第 3 章

推されるかどうかを決める

ブランド接点、ブランド体験

第2章では、ブランドとは何かについて皆さんと景色を合わせました。ブランドとは「また買いたい」「また利用したい」と思わせる力、転じて、「(また) この人たちと仕事したい」と思わせる力。いわば、ファンを創る力。部署や個人もブランド力を持つことができる。そして、皆さんの部署や皆さん自身がブランドになり得るかどうかは相手が決めることです。

そのものごとが相手にとってのブランドになり得るかどうかを左右する体験を、ブランド体験と言います。第3章では、ブランド体験はどのように形作られるか紐解いていきましょう。

INDEX

推される 011

ブランド接点×振る舞い＝ブランド体験

どのようにしてブランド体験が形作られるのかを、図式で考えてみます。

ブランド体験は、以下の掛け算で創出されます。

▶ブランド体験の掛け算

これを部署に置き換えて考えると、あなたの部署と関係する人、すなわちブランドステークホルダー（第2章）との接点はどんなものがあるか？　ひいては、その接点においてあなたたち自身がどのような振る舞いをしているか？　この2つが、相手のあなたの部署に対するブランド体験を良くも悪くもし、あなたたちが「推される部署」になるかどうかが決まります。

推される

012 ブランド接点(ブランドタッチポイント)とは

ブランド接点

ブランド接点（ブランドタッチポイント）とは、その対象物（ブランド）と相手（ブランドステークホルダー）とのあらゆる接点を言います。

たとえば製品であれば、テレビやラジオや雑誌などの広告媒体や、Webページや SNS などのインターネットメディア、店舗やプロモーションイベントなどをブランド接点ととらえることができます。

ブランド接点は、顧客との接点に限定されません。

たとえば、総務部門や情報システム部門などの社内部署が主語であれば、経営陣との接点、他部署の人たちとの接点、お取引先との接点、そして部署を構成する中の人たち、すなわちメンバーとの接点、これらのステークホルダー（関係者）との接点をブランド接点ととらえることができます。

社内部署には、他者とのどのようなブランド接点があるでしょう。

- 日々の報告や連絡
- 定例会議
- 雑談・相談
- 商談

これらは何気なくそこにある、日常のブランド接点です。それだけではありません。

・事務手続き（の煩雑さ）

・意思決定（の速さ）

このような管理間接業務や業務プロセスも、相手のあなたたちの印象を左右するブランド接点として機能します。

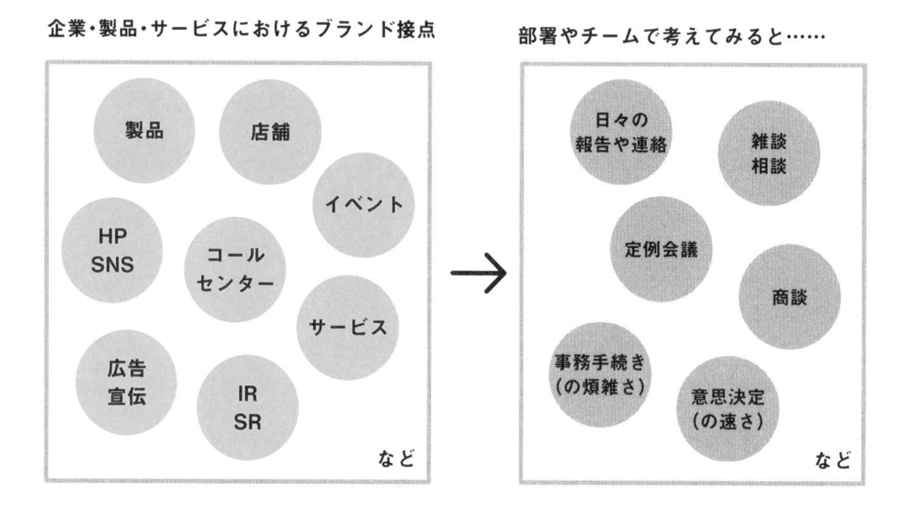

ブランド接点は、何気ない日常に存在する。

ブランド接点は、すぐそこにある。

そう考えてください。

初期接点と継続接点

ブランド接点には、初期接点と継続接点があります。

たとえば、あなたがある企業や製品を知るのにも、最初のきっかけ(ファーストコンタクト)があったはずです。その対象物(ブランド)と相手(ブランドステークホルダー)との初めての接点を、初期接点と言います。

ただし、初期接点だけでその対象物が相手にとってブランドになるとは限りません。製品であれば利用体験やサービスサポートなど、その後のさまざまな体験を経て、その人にとってのブランドになり得るのか、そうでないのかが決まります。その対象物(ブランド)と相手(ブランドステークホルダー)との初期接点後のさまざまな接点を、継続接点と言います。

初期接点

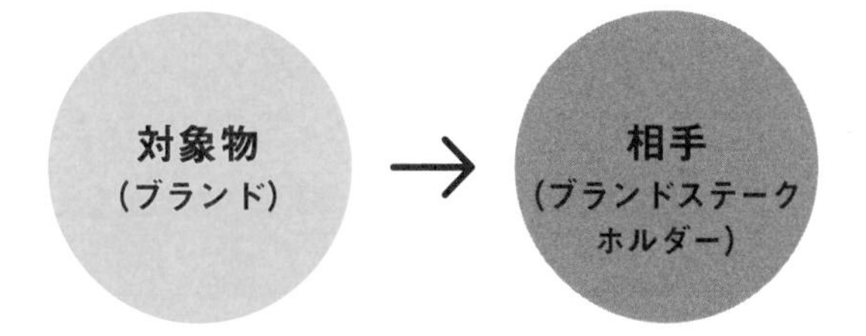

継続接点

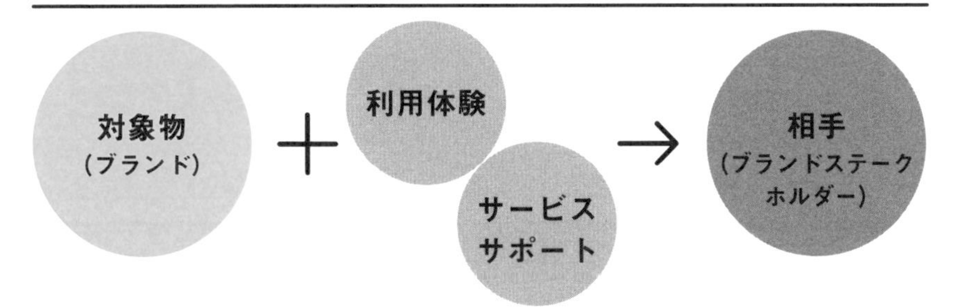

皆さんの部署やチームと相手との初期接点にはどんなものがあるでしょうか? 継続接点をうまく創ることができ、なおかつ相手と良い関係性を築くために活用できているでしょうか? 想像してみてください。

推される

013 振る舞いがブランド体験を左右する

ブランド接点における発し手の行動や言動、すなわち振る舞いが相手（ブランドステークホルダー）のブランド体験を左右します。

皆さんも経験があるでしょう。飲食店の店舗を訪れて、キレイなお店でスタッフの対応も心地よく、「また来たい」「今度は友達を連れてきたい」と思ったことが。そうかと思えば、スタッフが不愛想、オペレーションも悪くていつまでも注文を取りに来てくれないし、頼んだものもなかなか出てこない。清掃も行き届いていない。そのようなお店には「もう二度と行かない」「他人にお薦めしない」と思ってしまうものです。

店舗はブランド接点、スタッフの行動や言動、プロセスやオペレーションは振る舞いです。そして、振る舞いの良し悪しが、ブランド体験の良し悪しを決めるのです。

部署やチームに置きかえて考えてみると、以下の表のようになります。

振る舞いの例
報告や連絡の仕方
会議運営の仕方
会議での積極性

振る舞いの例
言葉遣い（役職者に対する呼び方なども（例：「さん付け」か「役職呼び」か））
資料に使用するフォント
チェックの細かさ（細かい「てにをは」まで気にするか、スピード優先でおおらかか）
コミュニケーションのスピード
コミュニケーションツールの使い方
コミュニケーションツールそのもの（どんなツールを使っているか）
場の雰囲気
ものごとの決め方
意思決定の速さ

これらが相手やメンバーの、その部署やチームに対するイメージとブランド体験を左右すると考えましょう。

皆さんも、相手のコミュニケーションの仕方や仕事の仕方などで「堅そうな人たちだな」「風通しの良い、オープンな職場なんだな」「ちょっと、軽すぎる感じがする部署だな」「役職者が随分と偉そうだな……若手やお取引先を下に見ている感じが気になる」「誰に対しても、リスペクトを持って接してくれる人たちだ」など感じたことがあるでしょう。

ブランドは細部に宿ると言います。振る舞いで損していないか？　振る舞いを変えることで、相手を自分たちのファンにすることができるのではないか？　さらには、その振る舞いは自社らしい、自部署らしいと言えるか？　ミッション・ビジョン・バリューと照らし合わせた時に相応しいと言えるか？　行動、言動、業務プロセス、ツールの使い方などさまざまな面で振り返ってみてください。

推される

014 管理間接業務や業務プロセスもブランド体験を左右する

個人の行動や言動のみならず、仕事のやり方や業務プロセスも相手のエンゲージメントを左右します。

たとえば、あなたが新規のお取引先に仕事をお願いしたいとします。仕事の内容も金額も魅力的で、そのお取引先の担当者も大いに乗り気。ところが、いざお付き合いする段になって状況は一変。

- 見積、契約、支払いの手続きが煩雑かつアナログ（印刷、押印、郵送など相手に事務コストをかけすぎる）
- クラウドサービス利用も、チャット利用も一切NG。情報のやり取りに時間と手間がかかりすぎる
- 意思決定に時間がかかる

相手のテンションは一気に下がり、取引を辞退されてしまいました。事務コストとコミュニケーションコストがかかりすぎる、アイドリング（仕事が進まない間の待ち時間とか稼動）が大きすぎると相手が判断したためです。時間とお金に相当余裕があるお取引先ならさておき、急成長したいスタートアップ企業や、資金余力や事務対応リソースの余力のない中小零細企業やフリーランスなどにとって、事務コスト、コミュニケーションコスト、アイドリングによる事業機会損失はときに死活問題です。

「この人たちとはスピード感を持って仕事を進められそうにない」

こうして、意欲的なお取引先があなたの会社から遠ざかっていきます(または相手はリスクを積んで高い金額を提示せざるを得なくなります)。

時代遅れかつ煩雑でアナログな業務プロセスや事務手続きは、お取引先や顧客をアンチに変えます。業務プロセスを改善する、スリムにする、デジタル化（脱アナログ化）する。このような改善の取り組みは、良いお取引先をファンにしていく、すなわちブランドマネジメントの意味でも極めて重要なのです。

仮にあなたの勤め先がIT企業だとしたら？　それこそ大問題ではないでしょうか。

「いや、確かに当社はIT企業ですがウチは経理部門だから関係ありません」
「ITを売っているだけで営業会社ですから、やり方はアナログなのです……」

そのような言い訳は通用しません。相手はガッカリするでしょう。

「IT企業なのに、いまどき非IT企業でもやらないような煩雑でアナログな事務手続きを押し付けてくる」
「ええっ！？　ITで社会課題を解決するって言っている会社の人たちなのに、チャットもファイル共有サービスも使ってくれないの？」
「テレワークシステムを売っている企業なのに、テレワーク廃止って正気ですか！？」

いわばビジョン・ミッション・バリューとやっていることが違う。そのギャップに相手は幻滅します。何も説得力がない。社員も「自社が情けない」と思い、問題意識のある人ほどエンゲージメントを下げてしまうことでしょう。

IT 企業に限らず、「DX」「イノベーション」「ESG」「SDGs」などを掲げている企業こそ自社の業務プロセスが煩雑ではないか、相手（お取引先や顧客）に無駄な手間やコストの負担を強いていないか見つめなおしてみてください。

「当社のルール、重たすぎて顧客に手間をかけすぎです。そろそろ見直しませんか？」
「事務手続きが煩雑すぎて、お取引先に申し訳ないです」

こうした声を現場からも挙げ業務プロセスを改善し、あなたの組織のファンを増やしていきましょう。これは部署単位でもできる、ファンを増やす／ファンを遠ざけないための改善行動です。

業務改善とブランドマネジメントは表裏一体の関係なのです。

015
「対話したい人たち」になろう

ブランドとは「（また）この人たちと仕事したい」と思わせる力。第2章で私はそのようにお話ししました。とりわけ部署やチーム単位でのブランドを考えるとき、「またこの人たちと対話したい」と相手に思ってもらえるかどうかがきわめて重要であると私は考えます。

「この人たちと仕事したい」

そう思ってもらうためには、何と言っても対話は欠かせないでしょう（なお「対面」に限定する必要はありません。オンラインでも良い対話をすることができます）。初期接点と、継続接点、それぞれにおいて対話を重ねながら「この人たちともっと対話したい」「この人たちとつながっていたい」ブランド体験が醸成される。人と人との関係、部署と部署との関係はそういうものではないでしょうか。そのためにも、対話の接点を増やす、そして良い対話体験を創る。この2つに注力してみてください。この2つは、部署単位、チーム単位、いや個人単位でもできるブランドマネジメント行動です。

対話の接点を創る

「そういえば最近、役員と話していないな……」
「営業部門と、あまり接点がないよね」

「本社の人たちと、たまには会話してみるか」
「社外の人たちと話す機会、もっとあったほうがいいかも」
このような振り返りをし、対話の接点を創っていきましょう。

良い対話体験を創る

ただ対話の機会を設けただけでは不十分です。それこそ、無駄な1on1ミーティングや会議を乱発して、相手の時間だけを奪うだけの困った人たちになってしまうかもしれません。マイナスのブランド体験を相手にもたらします。
「またこの人たちと対話したい」「この人たちと対話したい」と思ってもらうには、どんな印象を相手に持ってもらえれば良いでしょうか。いくつか例を示します。

・自分たちの悩みをわかってもらえる
・ゴールや目的が明確になる
・問いを立てることができる
・問題や課題が言語化される
・アイデアやヒントを得ることができる
・新たな知識や着眼点を得ることができる
・解決の糸口や道筋が見えてくる
・自分の能力や特性に気が付くことができる
・自分（たち）の成長を実感することができる
・楽しい／気持ちが楽になる
・思い込みに気づくことができる
・一歩先に進むことができる

いかがでしょう。このような体験をもたらしてくれる人たちとは、「対話したい」「関わりたい」と思いますよね。

また、本書では詳しく解説しませんが、良い対話はビジョンニング、課題解決、自己効力感、成長実感、エンパワーメント、チームビルディング、ヘルプシーキング、アンラーニング、自律・自走、エンゲージメントなどさまざまな組織課題を発展的に解消します。対話は人材開発と組織開発の基盤でもあるのです。

良い対話は、良い他者理解と相互理解を生みます。それはマーケティング、すなわち相手のニーズやペインポイント（悩みや課題）を理解し解決をしていくために欠かせないプロセスです。対話はあなたの部署が「推される部署」になるためのブランディング活動であり、そのためのマーケティング活動でもあるのです。

良い対話を創出するために、あなたの部署にどんな経験や体験、スキルなどが必要か。是非とも話し合ってみてください。

良い対話とは

「この人(たち)と話をしていると……」

- 自分たちの悩みをわかってもらえる
- ゴールや目的が明確になる
- 問いを立てることができる
- 問題や課題が言語化される
- アイデアやヒントを得ることができる
- 新たな知識や着眼点を得ることができる
- 解決の糸口や道筋が見えてくる
- 自分の能力や特性に気が付くことができる
- 自分(たち)の成長を実感することができる
- 楽しい／気持ちが楽になる
- 思い込みに気づくことができる
- 一歩先に進むことができる

↓

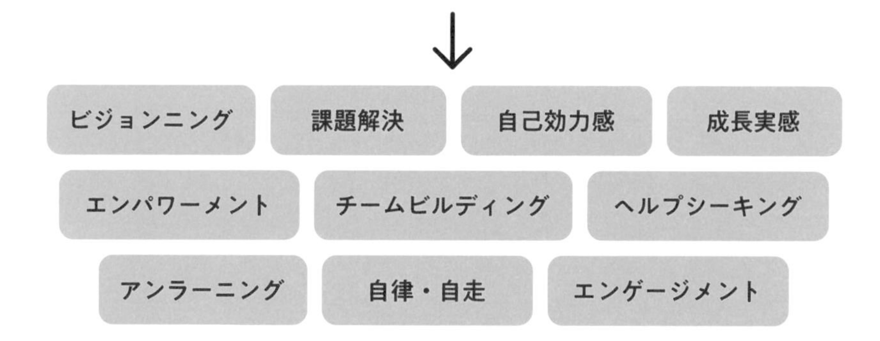

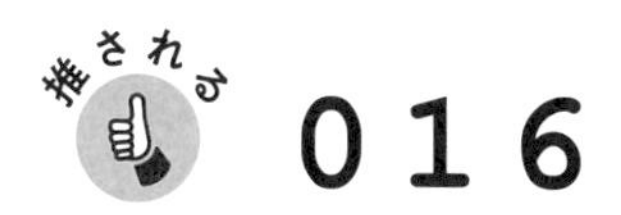

016

3方向の対話を増やそう

自組織、ひいては自部署やチームが価値を創出できているか？ 自分たちの振る舞いや仕事のやり方が独りよがりになっていないか？ 自らを振り返りアップデートできている組織のマネージャーやリーダーは、3方向との対話をしています。

経営との対話、現場（メンバー）との対話、そして社会との対話です。

1 経営との対話

経営トップ、経営陣、担当役員、部門長など全社組織や部門のトップと対話し、彼／彼女らの目線や課題や関心ごと、潜在ニーズなどを知る。自部署やチームの悩みごと、問題意識など「こちらの見えている景色」や取り組み、意気込みなどを経営に知ってもらう意味もあります。

2 現場（メンバー）との対話

マネージャーやリーダーにとって、自部署やチームのメンバーとの対話も不可欠です（上だけを見ていては、良い組織を創ることはできません）。経営陣や本社組織の考えや全社のビジョン・ミッション・バリューなどの理念、およびマネージャーやリーダーが考えていることをメンバーにかみ砕いて伝え、理解や共感を促す。ギャップを言語化して解決する（または解決を支援する）。経営陣や本社に見えていない、現場の実情、課題、変化などを経営陣に正しくインプットする。その両方向のコミュニケーションと「景色合わせ」をする。そのためには、マネージャーやリーダーは経営や本社との対話はもちろん、メンバーとの対話も欠かすことができません。

3 社会との対話

世の中のライフスタイルやそのトレンド、人々の価値観、業界他社や他業界の組織の動向、法律や慣習などの動き、技術の変化、顧客やお取引先など社外の人たちの考え方、ひいては「自分たちは世の中から何を期待されているか」を知り組織のあり方を見直す。そのためには、社会や社外との継続的な対話が必要不可欠です。**要は井の中の蛙になっていないか**。そういうことです。

直接の対話が叶わなくても、本を読む、インターネットで情報を仕入れる、講演を聞く、チームメンバーでディスカッションして想定してみる、など間接的に社会と対話することは十分可能です。「窓を開けた」インプット＆アップデート、その習慣化が組織の自己目的化を防ぎます。

3方向それぞれの対話の手法と事例は、第4章で解説します。

3方向の対話

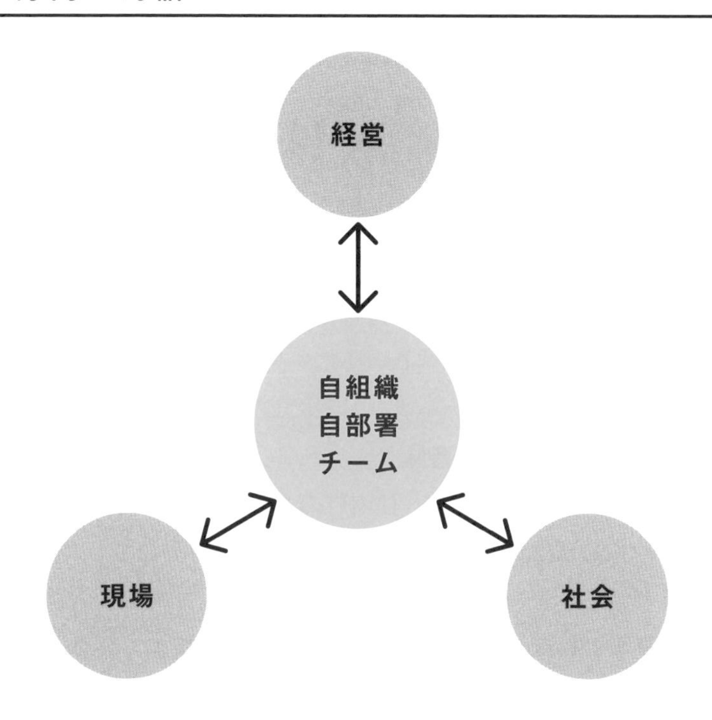

対話とは他者を理解し、同時に自己を相手に理解してもらうための所作です。立場が違えば、見えている景色は異なって当然。お互いの見えている景色を知るため、知ってもらうためにも対話は不可欠。経営、現場、それぞれの立場で3方向の対話の機会を設け、相互に景色合わせをしつつ、お互いを正しくリスペクトして期待し合える関係を構築しましょう。

推される

017

情報を極力オープンに。発信するところに人は集まる

推される部署になるためには、日頃から情報発信も積極的に行いましょう。ここで言う情報発信とは、部署のPRではありません。自部署の考えや持っている情報やデータ、ノウハウや知見などを可能な限りオープンにする。そのような意味です。

ファンを惹きつける人たちは、社内外のコミュニティやフォーラムなどで、積極的に自部署や自社の取り組みやノウハウを発信しています。機密情報などオープンにできないものもありますが、組織の課題やテーマ、取り組みなど秘匿性のないものもたくさんあります。こうした情報はむしろどんどん公開したほうが良い。ノウハウや知識のありかがわかるだけでも、社内外の人たちから「この人たちは頼りがいがありそうだ」「この部署に相談してみよう」と思ってもらえるようになります。こうして、つながれる相手が増えていく。

少し話はそれますが、DX（デジタルトランスフォーメーション）の文脈でも「データ囲いすぎ」問題が有識者の間でたびたび話題になっています。

保守的な組織の多くが、データを社外どころか社内他部署にも出したがらない。DXには、データとデータの掛け合わせで新たなビジネスモデルや「勝ちパターン」を生み出す所作の意味もあります。ところが、

そのデータを皆自部署の部門フォルダや、社内や部内に閉じたシステムの中に閉じ込めてしまっている。出したがらない。これでは、せっかくのデータも織姫と彦星状態。永遠に出会うことはできません。困ったものです。

情報を一切外に出さない組織は悪気なくファンを遠ざけてしまいます。正直どう絡んでいいかわからない。

情報セキュリティを重んじるのも大事です。しかし、情報セキュリティや機密を言い訳に、なんでもかんでも隠して自組織に閉じていたら、あなたたちはそれこそ「カオナシ」になってしまいます。どんな人たちで、どんな取り組みをしていて、どんな課題に向き合っていて、どんなノウハウや成功体験あるいは失敗体験があるのかまるで見えない。どんなシーンで、どう頼ったら良いのかわからない。それは企業組織全体のブランドマネジメントの面でもマイナスに作用してしまいます。

その情報はほんとうに機密情報なのでしょうか。むしろ、オープンにしたほうがファンも協力者も見つかるのではないでしょうか。コラボレーションが求められる時代です。社内外関わらず、発信する人にファンが集まり、良いコラボレーションができるようになる。そのためにも、

・情報はギリギリまで発信する
・情報は極限まで発信する

このくらいのポリシーで、あなたの部署のファンを増やしていきましょう。

この章のまとめ

・ブランド接点×振る舞い＝ブランド体験
・ブランド接点は、何気ない日常に存在する
・初期接点と継続接点をうまく活用しよう
・ブランドは細部に宿る。何気ない振る舞いがブランド体験の良し悪しを決める
・管理間接業務や業務プロセスのあり方もブランド体験を左右する
・業務改善とブランドマネジメントは表裏一体の関係
・「またこの人たちと対話したい」部署になろう
・3方向の対話を欠かさない：経営との対話、現場（メンバー）との対話、社会との対話
・発信する人にファンが集まる。情報はなるべくオープンに

⇒良いブランド体験を創出し、あなたの部署のファンを増やそう

第 4 章

「中」の対話を増やす インターナルブランディングの具体例

第2章で解説したインターナルブランディング（またはインナーブランディング）について。
インターナルブランディングとは社員やメンバーなど「中の人」とのコミュニケーションであり、同じ組織の人たち同志の相互理解と相互リスペクトを高める取り組みです。そのコミュニケーションを通じ、「自分たちは何者か」「自分たちはどうありたいのか」「自分たちはどうあるべきか」が言語化され、自らをアップデートする動機づけが行われます。また、外に対して自分たちを説明できるようになります。第3章で触れた「3方向の対話」もうまくいくように。

あなたの所属部署が「推される部署」になるためにも、インターナルブランディングは極めて重要です。自部署を経営陣や他部署に知ってもらうのはもちろん、自部署のメンバーが「自分たちは何者か」を考えるきっかけになりますから。組織内のコミュニケーションの機会を活用して（あるいは自ら創って）、「推される部署」を創っていきましょう。

INDEX

018 メンバーに情報を発信する

メンバーへの情報発信はインターナルブランディングの基本。日々の対話以外の手法を6つ紹介します。

発信された内容を部署のメンバーが受け取る

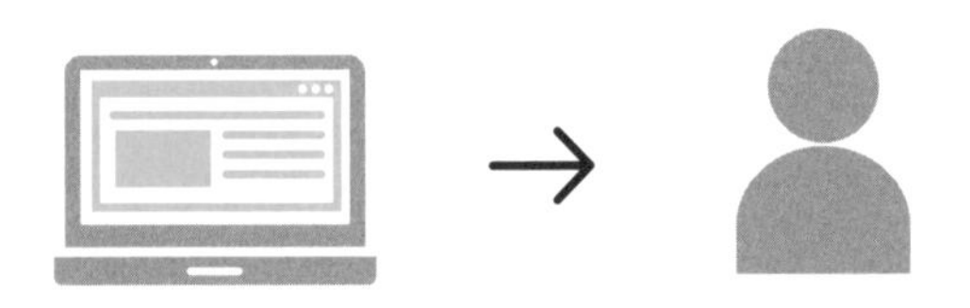

社内報などを通じて部署のメンバーに情報を発信する

1 社内報・グループ内報

社内報やグループ会社を含めたグループ内報は、インターナルブランディングの根幹と言っても良いでしょう。いわば社内やグループ内の公式メディア。影響力も抜群です。

トップがミッション・ビジョン・バリューや経営の進捗などを発信しつつ、現場の各部署が自分たちの取り組みを知ってもらったり、問題提起をするのにも社内報・グループ報は有効なメディアです。

社内報やグループ報に掲載される、イコール、その組織において、そのテーマや情報がオーソライズされた（相応しいと認められた）ことを意味します。部署の情報や取り組み、メンバーの顔なども社内報・グループ報で積極的に取り上げてもらいましょう。

2 イントラネットサイト

最近では、社内報やグループ報をイントラネット上のサイトで展開している組織も少なくありません。また、社内ルールや業務を遂行する上での事務手続きやツールなどのリンクが掲載された社内ポータルなどのサイトを持つ企業組織もあるでしょう。部門専用のサイトを展開している部署もあります。イントラネットのサイトも、部署やチームを知ってもらう場として有効に機能させることができます。

部署のミッション・ビジョン・バリュー、重点課題、メンバー紹介などを掲載する。「顔の見える」コミュニケーションにつなげる。日常的に閲覧される業務情報サイトだからこそ、さりげなく自分たちを知ってもらう場として活用しましょう。

3 ニュースレター

自部署のミッション・ビジョン・バリュー、大切にすること、ニュースやビジネスキーワードの解説、事業やプロジェクトの進捗状況、良い取り組み、新しいメンバーの紹介などを定期的に読み物で発信する取り組み。

私はこれまでグローバル企業の、グローバル部署勤務をいくつか経験しましたが、世界各国のメンバーに向けたニュースレターを月1回程度の頻度で発信している部門長に何人も出会いました。地域も国籍もはたらき方も異なるメンバーが参画しているからこそ、ニュースレターのようなコミュニケーションはチームの一体感と求心力を高めるためにも重要と言えるでしょう。

4 ブログ

ブログも自分たちの人となりや大切にしていることを知ってもらう強力なツールです。

社長ブログ、役員ブログなど経営陣がブログで社員にメッセージを発信する例もありますが、部署単位で、あるいは部署のマネージャーや担当者がブログを発信するのもインターナルブランディングに寄与します。

第5章で、情報システム部門長がブログで目指す姿を社員（部員）に発信している事例を紹介しています。参考にしてみてください。

5 掲示物・デジタルサイネージ

社内のポスターなど掲示物も強力なインターナルブランディングの媒体です。工場などには安全行動を啓蒙する標語が掲げられていることがあります。

総務部門や広報部門に協力してもらい、社内に自部署を知ってもらうポスターを貼ってもらっても良いのではないでしょうか。最近は大型のディスプレーを事業所に設置し、デジタルで全社周知や部署の紹介などを表示している企業もあります。いわゆるデジタルサイネージです。あるいは自部署のフロアや居室の入り口に、ホワイトボードや黒板を置き、メンバー紹介を掲げている例もあります。写真やかわいらしいイラストを添えて、カジュアルな文体で紹介するのも良いですね。相互理解の心のハードルが下がります。

6 社内音声メディア

インターネットやイントラネットの普及、およびテレワーク・リモートワークなどの普及にともない音声メディアも社内コミュニケーションの手段として注目されています。

定期的に経営トップが「社長ラジオ」を配信したり、マネージャー・リーダーが日々考えていることや大事だと思うことを発信する組織も。音声メディアは時間や場所の制約を受けず、発信者と受信者それぞれの都合で収録及び視聴できることと、「声」による臨場感あるメッセージができる特徴があります。

ただしトップだけ、マネジメント陣だけが一方的に話すパターンは要注意。ともすれば「偉い人たちだけ、創業メンバーだけが内輪でワチャワチャやっている」ように聞こえてしまい、マネジメントと現場の心の距離が（さらに）遠くなることも。メンバーの声を代弁するような話もする、ときには現場のメンバーにも出演してもらい対談形式にする、あるいはメンバーが話す音声メディアがあっても良いでしょう。「内輪ウケ」になりすぎないような景色の工夫も重要です。

「推される部署」の観点では、その部署の人たちが社内音声メディアにゲストとして登場する、または部署内で音声メディアを立ち上げてみてはいかがでしょうか。

019 社内コミュニティで交流を深める

部署横断、チーム横断、本社・支社横断で社内の人と人とがつながる場（オンライン含む）、いわゆる社内コミュニティへの参画も自部署のファン創りに有効です。

▶ 部署のメンバーがコミュニティに参加する

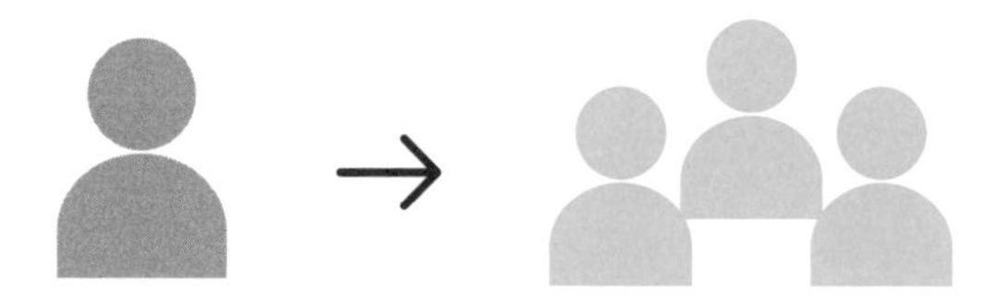

メンバーが自ら投稿や発信しやすい環境を作る

1 社内SNS・グループチャット

社内SNS、Microsoft TeamsやSlackなどのグループチャットもインターナルブランディングの場として機能します。

経営陣と現場のメンバーが、投稿しあいコメントしあう。「いいね」スタンプを押して、職位や部署や事業所の垣根を超えて共感および称賛しあう。対面の場だけでは、なかなか生まれにくいコミュニケーションが生まれます。

（もちろん場を温め、コミュニケーションを促すファシリテーターの役割もきわめて重要です。ただITツールを導入しただけでは、従来のコミュニケーションの文化はなかなか変わりません！）

オンラインかつオープンなコミュニケーションに適しているSNSやグループチャットなどは、本社やマジョリティ（組織の多勢）と疎遠になりがちな地方事業所のメンバー、時短勤務者・リモートワーカー・週3日勤務・複業参画者など時間や空間に制約のある人たちとのコミュニケーションも活性化させ、組織全体のエンゲージメント向上にも効果を発揮します。逆の見方をすれば、このようなデジタルツールを活用すれば、いままでの対面オンリーのはたらき方ではマイノリティ扱いされがちだった人たちの、組織に参画し活躍するためのハードルを下げることができるのです。それは、多様性あるメンバーを正しくエンパワーする行為でもあります。

2 社内コミュニティ

社内コミュニティとは、同じ社内やグループ内のメンバーが特定の目的やテーマをもとに集い、相互理解、学習、ディスカッション、課題解決などを行う場です。

例）育休者同士のコミュニティ、中途入社メンバーのコミュニティ、新しいマーケティング手法を皆で考えるコミュニティ、2030年のビジョンを考えるコミュニティ、読書会コミュニティ

通常業務を遂行する、縦割り型・ライン型組織ではなく、部門横断型（クロスファンクショナル）で行われるのが大きな特徴です。どんなに

マネージャーやリーダーが頑張って、心理的安全性の高いチームを創ろう、フラットなコミュケーションをしようとしても、やはり部署やチーム内では上下関係がはたらいたり、評価者／被評価者の関係による気遣いや忖度がはたらいてしまいがち。各自の関係性やキャラクターも固定されがち。組織とは、人とはそういうものです。しがらみが少ない、上下関係や評価者／被評価者の関係がない、部署が異なる人たちとのコミュニティはその意味でも、オープンな関係性でオープンなコミュニケーションをしやすいメリットがあります。

既存の社内コミュニティに参画し、部署の取り組みやメンバーを知ってもらうのも良いですし、あるいは自ら手を挙げて自部署発でコミュニティを運営するのも部署のブランディングに間違いなく効果があるでしょう。

社内コミュニティをオンラインで行う取り組みも目立ってきています。

三井住友海上火災保険の「プロジェクトチャレンジ」はMicrosoft Teamsを活用して本社と地方事業所のメンバーが組織横断でそれぞれのテーマの下でのディスカッションや学習を行っています。富士通は「やわらかデザイン脳になろう！明日のシゴトが楽しみになる初めの一歩（通称：やわデザ）」と称するコミュニティを発足。MicrosoftのYammer（現在はViva Engageに統合）、Microsoft Teams、Zoomなどを活用し、グループ会社および地方在住者も加わりおよそ3,000名が参画しています。社外のゲストを招いた講演や対談なども行われており、第3章で解説した「社会との対話」の場としても機能しています。

「やわデザ」の様子は、本書の第5章でも紹介します。また、書籍『社内SNSを活用して企業文化を変える やわらかデザイン』（富士通ラーニングメディア）も参考にしてみてください。

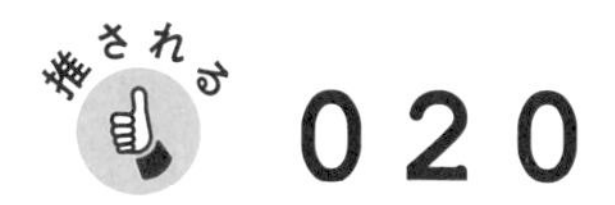

020 部署ごとプロジェクトに参加する

コミュニケーションは「手を変え」「品を変え」「景色を変え」。組織や部門を横断した、タテ、ヨコ、ナナメのコミュニケーション機会を創出および活用していきましょう。

組織を横断したプロジェクトに部署ごと参加する

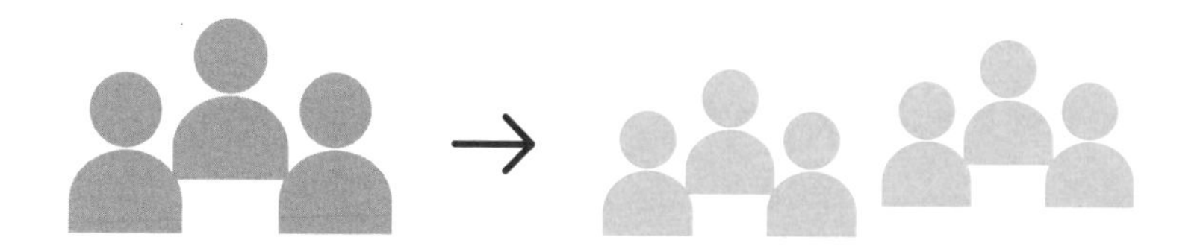

他の部署とコラボレーションしてイベントなどを開催する

1 組織横断プロジェクト

特定の課題を解決すべく（あるいは新しいテーマに答えを出すべく）、部門横断型（クロスファンクショナル）で期間を決めた活動をする組織体。たとえば「持続可能なはたらき方を実現したい」なる全社のテーマがあるとします。人事部門単独で取り組むのではなく、人事部、総務部、情報システム部、事業部門など複数の部署から人（プロジェクトメンバー）を選出し、場合によっては社外の専門家にも参画してもらって組織横断かつ越境して答えを出していく。そのような課題解決および価値創造のアプローチです。組織横断プロジェクトは、コミュニティよりは目的や課題が明確かつ業務の優先度が高い傾向にあります。

組織横断プロジェクトも、自部署のプレゼンスを高めるチャンスです。自部署がプロジェクトのオーナー（主体）となる場合においても然り、そうでない場合でも然りです。

＜自部署がプロジェクトのオーナーである場合（自部署＝主体）＞

自部署だけでは解決できない課題を、経営陣や他部署の人たちに知ってもらう。彼ら／彼女たちを巻き込みながら、組織の課題を解決する（または新たな価値を創造する）。

＜他部署がプロジェクトのオーナーである場合（自部署＝協力者）＞

自部署のメンバーが積極的に参加し、有意義な意見提案をする。ファシリテーター役として、プロジェクトを牽引する。

2 タウンホールミーティング

経営陣と社員・メンバーが直接対話する場を、タウンホールミーティングと言います。経営陣が各事業所を回って、ミッション・ビジョン・バリューなどの理念を自分の言葉で伝えたり、現場のメンバーと対話する。その取り組みは、グローバル企業などでも意欲的に行われています。

タウンホールミーティングで部署としての取り組みや意見を積極的に発信し、経営陣からフィードバックをもらう。あるいは、部署内でのタウンホールミーティングを行う（部署内の各チームで、マネージャーとメンバーとの対話を行う)。「推される部署」を目指す取り組みとしては、いずれかが考えられます。

3 キックオフイベント

事業年度の初めや節目、新部署発足のタイミングでキックオフミーティングなどの全員集合イベントを開催する組織もあるでしょう。キックオフイベントも、経営陣と現場、マネージャーやリーダーとメンバー、メンバー同士の相互理解の場として有効活用したい場の一つです。

部署やプロジェクト単位でキックオフをしてみてはいかがでしょうか。トップが一方的に方針を示すのみならず、テーマを決めた(かつファシリテーターを入れた)グループディスカッション、懇親などもプログラムに含める。関係の深い他部署の人たちや社外のビジネスパートナーなどもゲスト参加してもらい、部署を知ってもらう取り組みにしている企業もあります。

キックオフイベントは、ワーケーションで実施するのもありです。郊外や地方都市の風光明媚なリゾート地など、普段とは景色を変えて普段着で。心もオープンになり、肩の力を抜いた意見交換や自己開示がしやすくなります。地方都市にお金が落ちれば、それ自体が地域貢献やCSRにもなります。

4 ライブラリー(社内図書館、部内図書館)

社内や部署内に図書スペース(本棚)を設置。書籍を会社や部署の予算で購入、閲覧可能にするアプローチです。

学びの文化の醸成と定着に寄与するのはもちろん、本を通じてメンバー同士の人となりを理解したり、日頃は仕事とつながりのない人たち同士のコミュニケーションを誘発する効果があります。

本棚の前で、本を手に取って眺めているだけでも「あれ、沢渡さんもこのテーマに興味あるんですか。実は私も……」「おっ、僕もこの本読んだよ。どの部分が良かったか、読み終わったら是非教えて！」 このようなコミュニケーションが生まれますし、私もそのようなシーンをたびたび目にしてきました。

できれば書籍のジャンルはバリエーションを持たせたいです。業界や業務に直接関係する専門書、汎用的なビジネス書や技術書、世の中のトレンドを知るための雑誌など。それだけメンバーの興味関心の接点や、コミュニケーションの接点も増えますから。私がかつて企業内でライブラリー運営をしていた時は、事務局が推奨して購入する「事務局枠」と、部署メンバーのリクエストで購入する「リクエスト枠」を設置。ジャンルの偏りや、相応しさを調整および判断していました。新着書籍情報は部門サイトと部門メールマガジンで紹介したり、ポップを作成して書棚付近に置いて訴求。さながら図書館員さん、書店員さんになった気持ちで楽しく運営していました。

ライブラリーがあると、後述する社内勉強会や社内読書会などの企画・運営もしやすくなります。

5 社内勉強会・読書会

社内の勉強会や読書会も、メンバー同士お互いを知ったり、部署間の相互理解を深めるアプローチとしても有効です。

テーマや課題図書を決めて、月1回程度の頻度で対面またはオンラインで意見交換や感想の共有をする。知の創造と相互コミュニケーション、いずれも変化とメリットをもたらします。社内の勉強会や読書会に、社外のゲストを呼んでいる企業もあります。

本は職位や立場を超えたコミュニケーションを誘発します。その書籍のどこに共感したか、どこにどう感じたか、感想に上下関係はありません。着眼点、興味関心のポイント、問題意識などをフラットな関係性で、フラットに聞くことができる。私自身、社内の勉強会や読書会を通じて、異なる部署の若手と役職者が意気投合。そこから声をかけ合うようになり、部署を超えたメンター関係が生まれるシーンも見たことがあります。

あなたの部署が社内勉強会や読書会を企画運営してみるのも、部署の存在感を高め社内の関係構築にもプラスにはたらくでしょう。あなたやメンバーの企画力、ファシリテーション力の向上にもつながるはずです。

6 事例発表会

自分たちの成功事例、失敗事例、道半ばの取り組みの様子などを発信する。

社内での事例発表会や、社外に事例を発表する機会も積極的に活用しましょう。自部署が主催で、事例発表会をするのも良いです。

発信する人たちにファンが集まります。また自分たちの取り組みに対する、社内や社外の人たちからの反応やフィードバックは、メンバーの手ごたえや自己効力感、ひいてはエンゲージメントを間違いなく高めます。

021 部署とメンバーの接点を磨く

部署やチーム内の日常的な対話の場や空間も、ちょっとした工夫で相互理解とインターナルブランディングの舞台に変わります。

日々の業務をより良いものにする

メンバーとのミーティングや雑談の場をより良いものに

1 1on1ミーティング

マネージャーやリーダーとメンバー、あるいはメンバー同士の日々の1on1ミーティングも、お互いの相互理解や、目指す方向感、見えている景色のすり合わせに有効な場です。

ただし、形骸化した1on1が目立ってきているのも事実。マネージャーやリーダーだけが一方的に突っ走る1on1も逆効果。1on1ミーティング、ご利用は計画的に。

1on1ミーティングのアンチパターン（残念な事例）と対策は、『コミュニケーションの問題地図』（技術評論社）を参照してください。ここではとても語り尽くすことができず……（苦笑）。

2 ランチミーティング

飲み会や宴会での懇親を図るいわゆる「飲みニケーション」に代わり、ランチタイムでメンバー同士、あるいは他部署や社外のビジネスパートナーと相互理解を深める取り組みも増えてきています。

はたらく人の多様化も進み、アフターファイブのコミュニケーションが機能しづらくなりつつあります。リモートワークなど、必ずしも同じ場にいないメンバーと協働する機会もこれからはあたりまえになっていくでしょう。

・日中時間帯に懇親を図る
・オンラインでランチタイムにそれぞれの場所でお昼ご飯を食べながら雑談や相談をする

こうした選択肢も増やしていきたいです。私の顧問先の一社、株式会社NOKIOO（静岡県浜松市）ではランチタイムにピザをつまみながら社内のメンバーと社外の人たちが交流し相互理解を図る『ランチピザセッション』をオフィスで開催。普段はリモートワークをしているメンバーとのリアルな交流の機会として、社外の人たちに会社とメンバーを知ってもらう機会として機能しています。

3 フリーアドレス／オープンスペース／カフェスペース

フリーアドレスとはオフィスに自分専用の席を置かず、自分の好きな席やスペースを選んではたらくワークスタイル。あるいは固定席とは別に、どこでも仕事できるオープンスペース（フリーアドレススペース）を設置するケースもあります。テレワークやリモートワークのようなはたらく場所を固定しないスタイルの浸透とともに、フリーアドレスを導入する組織や多目的のオープンスペースを設ける組織も増えてきています。

フリーアドレスも上手に設計および運用すれば、メンバー同士のコミュニケーションや、部署間のコミュニケーションが活発になります。組織が大きくなればなるほど、部署やチームではたらく場所が分かれたり、フロアや建屋が異なりお互いの姿が見えにくくなるもの。フリーアドレスの活用により、チーム同士、部署同士、お互い何をやっている人たちなのか見えやすくなったり、誰がどんなテーマで話し合いをしているのかも通りすがりに知りやすく、輪に加わりやすくなります。あえて他部署の人たちの近くで仕事をして、自分たちの部署の困りごとや取り組みをさりげなく知ってもらうのも一つのコミュニケーション戦略といえるでしょう。

また、固定席が主流の組織で自部署にオープンスペースやカフェスペースを設置し、他部署の人たちも利用可にしている例もあります。

自部署のコミュニケーション活性や生産性向上はもちろん、他部署の人たちが気分を変えがてらその部署に来て仕事をしたり、オープンスペースで開催される勉強会に参加したりと、自部署を軸に他部署の人たちとの交流が加速。噂を聞きつけて、やって来る他部署の人たちも。自分たちがわざわざ出向かなくても、他部署の人たちが来てくれて対話が生まれたり自部署の取り組みを知ってもらえる。自部署の評判も良くなる。一石二鳥、三鳥ではないでしょうか。お取引先や採用候補者にも来てもらい、交流したり自社や自部署の雰囲気を知ってもらうのに役立てているケースもあります。そうなると、エクスターナルブランディング（第2章）の意義も帯びてきます。エクスターナルブランティングはインターナルブランディングの延長線上に存在します。

「ファンを増やしたいなら解放すればいいのよ」

自部署を解放し、交流範囲を広げつつファンを増やす。それも推される部署創りの秘訣です。

以上、部署単位で取り組むことができる（または全社レベルで実施していて、部署単位で活用できる）インターナルブランディングの方策を紹介しました。正直、全部をしっかりやろうとすると結構大変です。それなりの労力もお金もかかります。しかしこれらの取り組みを通じて、第3章で強調した「3方向の対話」を実現することもできますし、部署のプレゼンスが上がるのはもちろん、メンバーの企画運営能力、ファシリテーション能力などビジネスパーソンとして一生モノの経験やスキルも間違いなく向上します。すなわち、インターナルブランディング活動には人材育成の意義もあるのです。

また企画運営の大変さを知ってもらうためにも、取り組みそのものをオープンに発信してはいかがでしょうか。知られない取り組みは、悪気なく軽んじられます。仕事や取り組みの理解者、共感者、協力者を増やす。それも大事なブランディングです。Be open! 解放と発信で、部署と仕事のファンを増やしましょう。

この章のまとめ

・「推される部署」になるために、インターナルブランディングは極めて重要
・自部署が仕掛ける、全社レベルの（あるいは他部署が主導している）取り組みに乗っかる。いずれも有効
・日常のコミュニケーションや仕事の仕方の工夫でできることもある
・インターナルブランディングの延長線上に、エクスターナルブランティングがある
・インターナルブランディング活動には人材育成の意義もある
・自部署を解放する。取り組みを発信する。解放と発信で、部署と仕事のファンが増える

⇒部署単位でのインターナルブランディングを！

第 5 章

ブランドを体現する組織になる

ミッション、ビジョン、バリューとブランドの関係

ミッション、ビジョン、バリューなど、その組織の存在価値を明文化したものとブランドは切っても切り離せない関係にあります。古くは経営理念やクレド、最近ではパーパスなど似て非なる概念も加わっていますが、ここでは便宜上これらの言葉をすべてミッション、ビジョン、バリューと総称して話を進めます。英語の頭文字をとってMVVなどと呼ばれることもありますね。

第5章では、ミッション、ビジョン、バリューがなぜ必要か。全社組織のミッション、ビジョン、バリューを、どう自部署にかみ砕いていくかを解説します。

INDEX

推される 022

なぜ、ミッション、ビジョン、バリューが必要か？

なぜ、組織にミッション、ビジョン、バリューが必要なのか。それはミッション、ビジョン、バリューがないと組織の軸がブレ、何を優先するか決めることができなくなるから、ひいては自分たちをどう差別化するかがぼやけてしまうからです。最近起こった、わかりやすい騒動を引き合いに説明しましょう。

2023年4月、株式会社スープストックトーキョー（東京都・目黒区）が離乳食を無償で提供する旨を発表したところ、インターネット上でネガティブな反応が相次ぎました。

乳幼児連れの人たちに心地よくお店を利用してもらえるようにとの計らいですが、賛否両論。「一人客の居心地が悪い」「回転が悪くなり、混雑する」などの声が寄せられ、いわゆる「炎上」が起こりました。

▼スープストックトーキョー、“離乳食無償提供で炎上”に声明　毅然とした態度に称賛

https://www.itmedia.co.jp/news/articles/2304/27/news096.html

これに対し、スープストックトーキョーは以下の声明文を発信。炎上に屈することなく、企業としてのスタンスを明確に打ち出しました。

--- スープストックトーキョーの声明文（全文転載）---

離乳食提供開始の反響を受けまして

4月25日に開始した「離乳食後期の全店無料提供」の取り組みに対して、さまざまなお声をいただきました。

お声を受けてからの発言を控えておりましたのは、私たちの存在意義について想いを巡らせ、考えを深めていたからです。

改めまして、私たちがどのような想いでこの取り組みをはじめたのか、何を実現したいのかを私たちの言葉でお伝えしたいと思います。

―――――――――――

私たちスープストックトーキョーの企業理念は、「世の中の体温をあげる」です。

スープという料理を通じて身体の体温をあげるだけではなく、心の体温をあげたい。

そんな願いを一杯のスープに込めた事業を行っています。

その理念のもと、さまざまな理由で食べることへの制約があったり、自由な食事がままならないという方々の助けになれればと「Soup for all!」という食のバリアフリーの取り組みを推進しています。

これまでの取り組みでは、

・グルテンフリーや、ベジタリアン対応スープの販売
・ハラル商品の開発（現在は終売しています）

・咀嚼が困難な方にも外食時のサポートができるよう、咀嚼配慮食サービスの開始
・コロナ禍での医療従事者への食事の無償提供

などを行ってきました。

今後は、病院食や介護食、減塩食、非常食などについても研究や開発を進めていく予定です。

このたびの「離乳食後期の全店無料提供」は、この「Soup for all!」の取り組みのひとつであり、小さなお子様連れという理由で外食店での飲食をためらう方の助けになればと始めたものです。

一部店舗で実施してきた取り組みでしたが、多くのお客様からご好評をいただき全国の店舗にて開始することにいたしました。

実際にお越しいただいた際には、狭い店内ではサービスが行き届かずご不便をおかけすることもあるかもしれませんが、心を込めてお迎えさせていただきます。どうぞ気兼ねなくご利用ください。

―――――――――――――

最後になりますが、今回の反響について、改めて私たちの姿勢をお伝えいたします。

私たちは、お客様を年齢や性別、お子さま連れかどうかで区別をし、ある特定のお客様だけを優遇するような考えはありません。

私たちは、私たちのスープやサービスに価値を見出していただけるすべての方々の体温をあげていきたいと心から願っています。皆さまからのご意見を受け止めつつ、これからも変わらずひとりひとりのお客様を大切にしていきます。

世の中の環境の変化が激しい中、社会が抱える課題もさまざまです。それらを私たちがすべて解決できるとは思っていません。でも、小さくてもできることもあるとまじめに思っています。

ひとつひとつですが、これからも「Soup for all!」の取り組みを続けていきます。

どうぞ今後ともよろしくお願いいたします。

株式会社スープストックトーキョー一同

私はスープストックトーキョーの皆さんの対応はほんとうに素晴らしいと思います。「よくぞ言った！」と膝をたたきました（私の体温もあがりました）。

自社の企業理念、すなわちミッション、ビジョン、バリューに立ち返り、ネガティブな意見に屈することなく「自分たちはどのような価値を提供していきたいのか」「なぜ、その行動が自分たちにとって合理的なのか」を真摯に説明する。ともすればネガティブな反応に屈して脊髄反射で謝罪をし、共感者やファンの期待に背いてしまったり、さらなる炎上を加速してしまう企業も少なくありません。スープストックトーキョーはそうはしなかった。

じっくりと静観しつつ、組織の中で対話を重ねて、「自分たちらしさ」に真摯に向き合った。そうして、自分たちなりの見解を毅然と示した。ブランドを体現している企業姿勢であると言えるでしょう。

個人的にも、これからもスープストックトーキョーを愛用し続けようと思います。

このように、ミッション、ビジョン、バリューはその組織に関係するすべてのステークホルダーの行動や意思決定の拠りどころの役割を果たします。迷ったときの判断基準と言っても過言ではないでしょう。ミッション、ビジョン、バリューは自分たちが誰にどんな価値を提供したいか、誰に選ばれたいかを正しく議論するための根拠であり、その議論と意思決定の積み重ねが他の組織との差別化をする強い軸となるのです。

推される

023

とはいえ全社のMVVは「ふわっ」とする

ミッション、ビジョン、バリューの重要性は理解できるものの、全社レベルのミッション、ビジョン、バリューは悪気なく「ふわっ」としがちです。「それはそれ」「これはこれ」で部署単位、現場レベルの行動はミッション、ビジョン、バリューとはかけ離れていってしまう。その状態は、あなたの組織のファンを遠ざけてしまいかねません。

たとえば、「ITのチカラで世の中を変革する」というミッションやビジョンを掲げている企業があったとしましょう。ところが、営業手法も事務手続きも旧態依然のアナログな対応。日々のコミュニケーションも古いやり方で、突然電話をかけてきたり、紙の書類の手続きや押印、郵送の嵐。その対応に、顧客やお取引先はどう思うでしょうか？

「この人たちが、ITのチカラで世の中を変えられるとは到底思えない」
「自分たちの行動を変えられない人に、変革なんて期待できるのか？」

控えめに言って、期待外れの印象しか与えないでしょう。第3章でも強調した通り、ブランドは日々のオペレーションなどの細部に宿ります。ブランドを形骸化させないために、ファンを遠ざけないためにも、全社レベルのミッション、ビジョン、バリューを自部署やそれぞれの現場の行動に置き換えて考え実践していく必要があります。事例をいくつか紹介しましょう。

クックマート株式会社(愛知県豊橋市)

クックマートは、愛知県東三河地域から静岡県西部で事業を展開する食品スーパーマーケットチェーンです。同社のミッション、ビジョン、バリューは店舗にも掲出され、顧客にも明示されています。

<経営理念>
DELIGHT！　楽しむ、楽しませる
<ミッション>
リアル×ローカル×ヒューマン　＝地域の活気が集まる場所
<ビジョン>
人を幸せにする新しいチェーンストアの創造
<バリュー>
気づき、考える組織

クックマートは私の生活圏にも何店舗か存在しており、個人的にもお世話になっているスーパーマーケットの一つです。お店の雰囲気は明るく、地域の特産品や、他のチェーン店にはないユニークかつ食卓を明るくするような食材が揃っていて、ややもすれば面倒になりがちな日常の買い物に楽しさを添えてくれます。このミッション、ビジョン、バリューを知り、改めて納得するとともに、店舗を運営するスタッフの皆さんがそれぞれの現場において思考を重ね、体現されていると感じました。

クックマート店内の掲示（著者撮影）。ミッション、ビジョン、バリューが顧客にも明示されている

ヤマハ発動機株式会社（静岡県磐田市）

ヤマハ発動機は、ミッション、ビジョン、バリューが流行する前からブランド経営を実践している企業の一つです。ヤマハ発動機グループのブランドは、企業目的、ブランド・スローガン、ヤマハらしさの3つの階層で構成されています。

<企業目的>

感動創造企業

Kando Creating Company

<ブランド・スローガン>

Revs your Heart

<ヤマハらしさ>

発、悦、信、魅、結

Innovation, Excitement, Confidence, Emotion, Ties

▼ヤマハ発動機グループのブランド構造

企業目的	感動創造企業 *Kando* Creating Company
ブランド・スローガン	Revs your Heart
ヤマハらしさ	発 Innovation　悦 Excitement　信 Confidence　魅 Emotion　結 Ties

ブランドの最上位に位置するのは企業目的、感動創造企業。その企業目的に向け、"Revs your Heart（レヴズ ユア ハート）"というブランド・スローガンを掲げています。"rev"はエンジンが回転速度を上げる様子を示す動詞で、続く"your Heart"との組み合わせで相手の心を揺さぶる世界を表現しています。それを実現する上で大切にしている「ヤマハらしさ」を「発、悦、信、魅、結」の5文字に凝縮しています。

発 (Innovation)：Challenging for Innovation　革新に挑む

悦 (Excitement)：Creating Excitement　悦びを生む

信 (Confidence)：Ensuring Confidence　信頼を築く

魅 (Emotion)：Captivating Emotional Feelings　魅了する

結 (Ties)：Building Ties with Customers for Life　絆をつくる

ここでブランド・スローガン、"Revs your Heartの"you"に注目してください。“you”とは誰か。必ずしも顧客とは限りません。顧客との直接的な接点がない部署もあるでしょう。また、ヤマハ発動機はオートバイのほか、マリン製品、産業用ロボット、電動アシスト自転車、電動車椅子、発電機、除雪機、ドローンや無人ヘリコプターなどさまざまな製品やサービスを製造販売しています。部署により業界も関わる人たちも異なる。よって、“you”をグループ全社で一意に定義することはできません。「ヤマハらしさ」を自分ごと化し体現するには、各事業部門や、各部署が"you"が誰かを自ら想定し、自分たちが誰にどんな価値を提供しているかを顧みる必要があります。

ヤマハ発動機では「オートノマスブランディング（Autonomous Branding®）」の考え方をもとに、ブランド活動の自律化を進めています。

ヤマハ発動機の製品やサービスは多岐にわたり、また事業を展開する地域もさまざまです。

「多様でありながらこころを一つに」

そのためには、「ヤマハらしさ」とは何かを各自が自分ごととしてとらえるためのきっかけや仕組みが必要です。

コーポレート部門はそのためのツールやブランド研修・ワークショップなどを提供し、グループ各社、各事業部門、各部署、そして一人ひとりが自律的にブランドについて考え体現できるよう力を入れています。

部署単位でミッション、ビジョン、バリューを設定し運用している具体例はこの章の後半でも示します。

推される 024

部署の期待役割を見直そう

自部署のミッション、ビジョン、バリューを全社組織のそれらと照らし合わせて考える。それは、部署の期待役割を見直す行為です。

期待役割とは、経営陣や他部署の人たち、あるいは顧客やお取引先などの関係者（ブランドステークホルダー（第2章））があなたの部署に期待する振る舞いや提供価値のことです。期待役割をアップデートしていかないことには、悪気なくその組織は陳腐化します。

「ITのチカラで世の中を変革する」企業のたとえ話を思い出してください。その企業がどんなに先進的なITサービスを提供していても、営業部門の対応が前時代的だったり、経理や総務などの事務部門の仕事の仕方がアナログだったら顧客、お取引先、ひいては他部署のメンバーはどう思うか？　恐らく、残念な気持ちになるでしょう。過去においては、その仕事のやり方が正しくかつ効率的だったかもしれない。しかしながら、時代も環境も変わります。いまの世の中の状況、技術動向、ひいては会社組織が目指す方向と照らし合わせたら、その仕事のやり方や価値の出し方は賞味期限切れしている可能性も十分あります。それを防ぐには部署単位で、自分たちの期待役割は何かを定点観測し、業務内容や体制、仕事のやり方そのものをアップデートしなければなりません。

・あなたたちは「誰に」「どんな価値を提供したいか」？
・あなたたちは「誰に」「どう思われているか」？
・あなたたちは「誰に」「どう思われたいか」？
・そのためには「どんなブランド接点」が必要か？
・そのためには「どんな行動」「どんな能力」「どんな経験」が必要か？

これらをメンバーに問いかけ、部署としての期待役割と目指す方向を合意形成し、行動計画に落とし込みましょう。

具体的な進め方は、第6章で解説します。ここでは、「期待役割」なる言葉だけ心に刻んでください。

▶ 期待役割をアップデートしていく

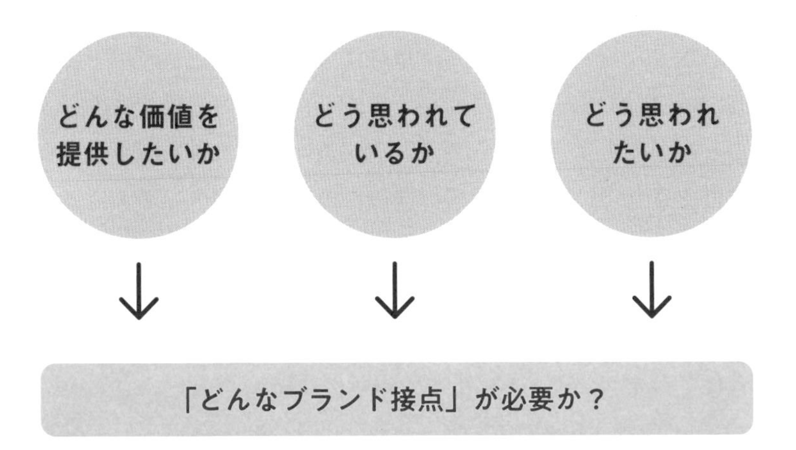

推される 025

3方向の対話を増やす：組織との対話、メンバーとの対話、外との対話

自部署を陳腐化させないためには、「推される部署」になるためには情報のインプットとアップデートが欠かせません。「井の中の蛙」の組織は往々にして自己目的化しがちであり、マイナスのブランド体験をもたらす傾向にあります。

情報のインプットとアップデートを有効に機能させるにはどうしたら良いか？　ズバリ、私は「越境」を推奨します。越境とは、組織や業界や立場を超えた対話をする行為。越境により、自分たちだけでは気づかなかった着眼点を仕入れることができたり、相手の立場でものごとを考えることができるようになります。その積み重ねで「自分たちは何者か」が研ぎ澄まされていき、自部署の期待役割をアップデートすることができます。

越境のバリエーションはさまざまであり、詳しくは別の著書『新時代を生き抜く越境思考』（技術評論社）を参照いただきたいですが、ここでは3方向の対話を増やす提案をしたいと思います。

いかなる部署も意識的に増やしてほしい対話。それは、組織との対話、メンバーとの対話、そして外との対話です。

＜組織との対話＞

経営陣、他部署の人たちと定期的に対話する機会がありますか？

日々の業務の進捗報告だけではなく、組織の目指す方向や、やりたいことなど未来の対話ができていますか？

＜メンバーとの対話＞

部署のメンバーと定期的に対話する機会がありますか？　雑談や相談などカジュアルな会話や、個人的にやりたいことや夢など未来の話をしていますか？「このリーダーやメンバーになら意見や提案をしてもいい」そのような関係性を築くことができているでしょうか？

＜外との対話＞

あなたの部署のメンバーは、世の中のニュースやトレンドに触れる機会がありますか？ 業界内外の仕事のやり方や、最新技術などに触れたり、疑似体験したり、考える機会を設けていますか？

良い対話は、その部署やメンバーに対する相手の自己効力感を生みます。「この人たちともっと関わりたい」「この人たちと仕事したい」そのような感情は、ブランド体験そのものです。第3章でも触れましたね。3方向の対話を増やし、自部署の期待役割をアップデートしつつファンを増やしていきましょう。

▶3方向の対話を増やしていこう

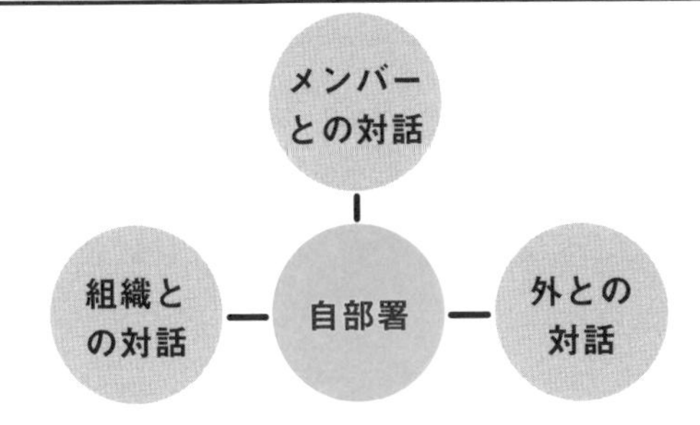

動画とバックキャスティングの発想でビジョニングとブランディングを進めている事例

三重県：デジタル社会の未来像と「あったかいDX」

三重県は、2021年4月に最高デジタル責任者（CDO, Chief Digital Officer）およびデジタル社会推進局を設置し、デジタル社会推進体制を整備（2023年4月1日現在は総務部デジタル推進局に移管）。「みえデジプラン」（みえのデジタル社会の形成に向けた戦略推進計画）のもと、デジタル社会形成のめざす姿として「誰もが住みたい場所に住み続けられる三重県」を掲げ、県民や県に関わる人たち『みんなの想いを実現する「あったかいDX」』を推進しています。

地方行政においてもDX（デジタルトランスフォーメーション）はもはや待ったなし。その一方で「デジタル」「DX」と言うと、どことなく冷淡なイメージを持ってしまう人も多いでしょう。自分たちの仕事がなくなってしまうのではないか、いわゆるデジタル弱者が切り捨てられてしまうのではないか。そのような不安が、住民や関係者のデジタルに対する抵抗感を増幅させています。あるいは、そもそも日々の日常生活や仕事において現時点でデジタル機器をほとんど使わない人たちにとっては、デジタル社会と言われてもイメージしにくい。

そこで三重県は未来のデジタル社会に関する対話を促進するための動画を制作。視聴した住民同士の対話を促すワークショップなどを県内各地で実施し、2050年に向けたデジタル社会の未来像を行政職員と県民が一緒に描いてきました。各人がバラバラのイメージを描くのではなく、同じ景色を見ながら「どんな社会を目指して、デジタルを活用するのか」を話し合う。冷たいDX、無関係なDXではなく、皆の幸せを実現する「あったかいDX」を一緒に実現していく。動画と対話を通じたバックキャスティングのアプローチで、行政関係者と住民がサービス提供者と受益者の関係ではなく、共創の関係で未来の社会をともに描いていく。これからの地域行政の新しいあり方を体現しているともとらえられるでしょう。

三重県の「あったかいDX」に関連する動画はインターネット上で公開されています。是非、参考にしてみてください。

▼動画「はじまる はじめる みえのDX ～ みんなでつくるデジタル社会 ～」

https://youtu.be/NOtLz-HKVsU

▼みえDX未来動画 2050（対話用動画）

https://youtu.be/1fVX2HluPS8

当時の三重県 最高デジタル責任者（CDO）で、株式会社うるら 代表取締役会長／DXたのしむコンサルタントを務める田中淳一氏に、「あったかいDX」の意義について聞いてみました。

行政・民間問わず、我が国におけるデジタル化は、業務効率化・合理化・生産性向上によるコスト削減・経営のスリム化を叫びながら、実は誰も本気で取り組まずに、むしろ業務やコストが増えてしまう無意味なデジタル化が長い間続けられてきました。

誰のための、何のための、どこに向かうための、何を実現するためのデジタル化なのか、を俯瞰して考える役割を担う人が組織の中に存在しなかったことも起因しています。

また、デジタル化の進展と同時に、ジェンダー平等を含むダイバーシティ＆インクルージョン、そしてウェルビーイングなど、人々の暮らしやしごとを取り巻く価値観も大きく変容しています。

つまり、誰もが柔軟な働き方を選択できる、自己実現が叶う、幸福を実感できる、転職する際に役に立つスキルを習得できる、職員・社員の能力と志を信じて1人ひとりの想いに寄り添う、そんな組織へと変革する、そのためのデジタル化であると全員が認識する必要があります。

それこそが、みんなの想いを実現する「あったかいDX」であり、それぞれが自分ごととしてDXに取り組むための近道にもなるのです。

是非、まず理想状態を描き、バックキャスティングで今すべきことを整理してみてください。デジタル化は、その理想状態を実現するための手段でしかないのですから。

DXのような新しくかつ見えにくい概念を、それぞれの立場で自分ごととしてとらえてもらい、腹落ちする。そのためにもバックキャスティングの手法は有効性が高いと言えるでしょう。

ヤマハ発動機：

「バリュー・イノベーション・ファクトリー(VIF) 映像制作」

民間企業で動画とバックキャスティングの手法で、未来に向けたビジョンニングとブランドマネジメントに挑戦している取り組みを紹介します。

ヤマハ発動機（静岡県磐田市）は、未来の工場の姿を体現したヤマハ発動機流スマートファクトリーを「バリュー・イノベーション・ファクトリー（Value Innovation Factory）」（以下「VIF」）と命名。社内各部門の代表者が集い、社内横断のプロジェクト形式で現場主導で2035年の工場の姿を描き始めました。

VIF 映像制作のプロジェクトは、2022年3月に発足 。モノづくり人財戦略部 河合多真美部長がオーナーとなり、生産、技術、管理、コーポレートなど社内19部門32人が参画し、ヤマハ発動機らしいモノづくりのDNA が刻まれた革新的な工場の姿について議論を重ねてきました。

現場発で未来の組織の姿を議論するためには、プロジェクトメンバーのみならず全社レベルでの意識づけも極めて重要です。それ以前に、まず VIF の取り組みそのものを社員や関係者に知ってもらわなければなりません。すなわち、プロジェクトそのもののブランディングが欠かせません。VIF の社内周知を図りたい。それぞれの職種の人たちに、未来の姿を自分ごと化して考えてもらいたい。そのような思いから、VIF 映像制作プロジェクトが立ち上がり VIF の世界観を可視化しました。こうして完成した 映像の第1弾がこちらです（2022年12月27日 公開）。

▼**感動創造工場Rev Factory はじまる(予告編/3分30秒)**

https://youtu.be/1msupZguedo

あらすじ

「VIF 実現のために、現場から革新を起こしてほしい」。

プロジェクトを任された福山は、各職場・各工程に足を運び、仕事や生活にそれぞれ課題を抱える柴田、大橋、等々力らと出会う。工場で働く人びとの声に耳を傾けることで、やがて「人が主役の工場」というキーワードにたどり着く。「2035年、感動創造工場をつくりだす」「一人ひとりが幸せに働ける職場をつくる」という目的を共有し、プロジェクトが加速してゆく。

イノベーションやイノベーションのための議論を進めるべく、社内横断型のプロジェクトを立ち上げる企業は増えてきています。一方でプロジェクト活動そのものの意義や目指す姿が社内で認知されていなかったり、ともすれば「一部の意識高い人たちの良くわからない取り組み」になりがち。それではプロジェクトに対する理解も協力も得られず、せっかくの良い取り組みもうまく機能しません。社内の温度差も広がってしまいます。

プロジェクトそのもののブランディングから始める。これは、プロジェクトを成功させる上で大変重要なはじめの一歩です。また、動画を活用したバックキャスティングな手法は、プロジェクトのテーマを皆に自分ごととして考えてもらうためにも有効なアプローチです。

私はVIFに全社のブランディングのみならず各部署のブランディングの意義と価値をも感じています。VIFの取り組みそのものは、ヤマハ発動機（およびグループ会社）全社の未来の姿を描く所作です。しかしながら、その議論をバックキャスティングかつ各部署のリーダーやメンバー参画のボトムアップで行うことで、自ずと「自分たちの仕事の本来価値は何か？」「自分たちの部署の未来の役割とは？」を考えるようになる。すなわち、自ずと部署のブランディングに目が向くようになる。その意識の変化と行動変容は、間違いなく部署と部署のメンバーにも大きな意義をもたらします。

2023年9月1日には、第2弾の映像が公開される予定です。プロジェクトメンバーだけが決めるのではなく、テーマの解像度を徐々に上げ、問いを立て、皆で考える。その共創の景色こそが、未来の明るいものづくりの姿をもたらしてくれそうです。

ワークショップ形式で、社員と一緒に未来の姿を描く事例

三立木材株式会社のブランディングプロジェクト

ガラリと景色を変え、中小企業のブランドマネジメントの好事例を紹介しましょう。

三立木材株式会社（静岡県浜松市）。天竜材（杉）の産地として有名な、浜松市天竜区に本社をおく約100年続く建築会社です。4代目の社長、河島由典（かわしまよしのり）氏の強い思いにより、2022年よりブランディングプロジェクトが始まりました。河島氏は2020年に社長に就任。「こんな会社にしたい」という方向性は決まっているものの、社内のメンバー、お客様、そして地域にどのようにこの想いを伝えていけばいいかわからない。そして、正直、根幹自体も作り切れていない。そのような悩みを抱えていました。

「この、企業の軸を作っていきたい……」

そこでブランドマネジメントの知見と経験豊富な株式会社NOKIOO（ノキオ）（静岡県浜松市）に相談。同社がファシリテーター役となり、主に以下の3つに取り組みました。

・社員参加のワークショップによる、自社のブランドの言語化（ミッション／ビジョン／バリュー／スピリット／スローガン／ブランドストーリー）
・ブランドアイデンティティの策定
・Webサイトのリニューアル

取り組みの核は、社員参加によるワークショップです。2022年8月から4ヶ月の間、毎回3時間合計11回のワークショップをNOKIOOのメンバーがファシリテーター役となり実施。社長の河島氏はもちろん、営業、設計、施工など社内各部署から6名が参加し、オープンかつフラットなディスカッションと対話が行われました。

合計11回にわたるワークショップを通じ、ミッション、ビジョン、バリュー、スピリットを自分たちで言葉にしていった

こうして生まれた三立木材のミッション、ビジョン、バリュー、スピリット、スローガンがこちらです。

■ミッション
天竜材で、健康と幸せを守り、育む。

■ビジョン
誇りをもって住み継ぐ、地産地育のふるさとに。

■バリュー
森｜時とともに深まる自然美。
真｜想いが積み重なる住まい。
心｜傾聴し、寄り添う、安心感。

■スピリット
末広がりの暮らしをつくる「家守の心得」
あいさつなくして信用なしと心得る。
感謝の心を表し、礼儀を大切にする。
日々約束を守り、信頼を積み重ねる。
見聞きして学び、知識と技術を磨く。
教えることで自分の成長にも繋げる。
真の目的を明確にし、道筋を考える。
必要なことは、気前よく、自ら動く。
相手の立場で考え、正直に行動する。
知恵と想像力で、ひと手間をかける。
仲間とともに最後まで最善を尽くす。

■スローガン

ひと、まち、やまの家守。

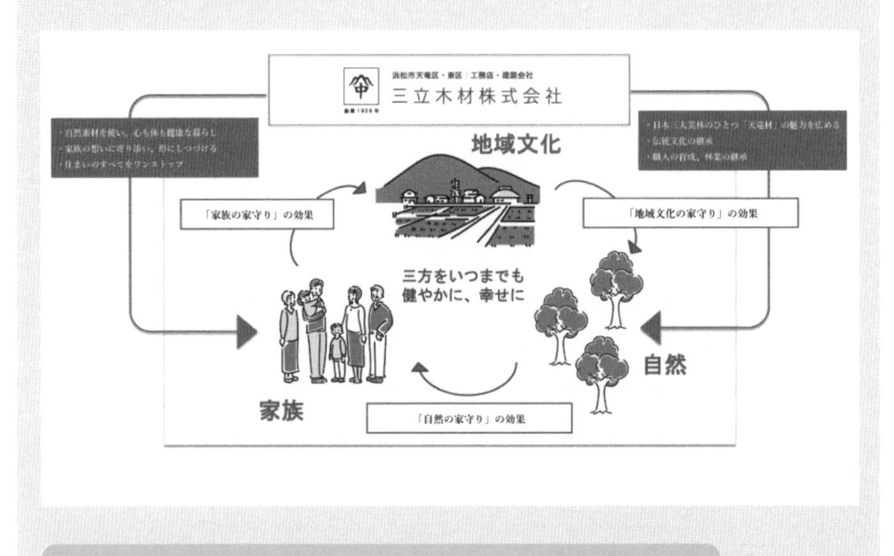

ミッション、ビジョン、バリューを決定し、わかりやすい形にして社内で共有した

社員参加型のブランディングプロジェクトが社員にどのような変化をもたらしたか。河島氏の声を聞いてみました。

経営理念をメンバーとどう共有していくか、さらにはお客様にもどう伝えていくか。正直ピンと来ていませんでした。まずは自社ホームページを刷新したいと思い、NOKIOOさんに相談しました。NOKIOOさんと対話を重ねるうちに、せっかくホームページを活用するならそこで伝える私たちのメッセージを研ぎ澄ませていきたい。思いを形にしたい。そこで社員参画型のブランディングプロジェクトに取り組むことにしました。

この取り組みを通じ、さまざまな気づきと成長実感を得ました。

1つは、いままで参加したメンバーが日々自分たちの仕事を言語化できていなかったこと。思えばいままで仕事の内容や意義をお互い話し合う機会も、そもそも共有し合う文化も耕されていなかった。ブランディングプロジェクトのワークが毎回終わるたび「自分たちが日々いい仕事をしている」ことに皆が気づき、メンバーの表情が明るくなっていく。この変化は嬉しかったです。

とはいえ、自分たちだけではなかなか上手に仕事の価値を言葉にできない。NOKIOO さんとパートナーのパラドックスさん（株式会社パラドックス（東京都港区））の力で、私たちの思いが綺麗な言葉になっていく。思いが形になっていく感動といいましょうか、参加した社員が涙を流すシーンもありました。ブランディングプロジェクトを通じて、私は経営者としての自分自身のポジションや原点を再発見できました。その体験をメンバーとともにできたのも嬉しいです。

ここから先、メンバーが自律的に「こうありたい」を議論して新たなチャレンジをしていく基盤が出来たと考えています。プロジェクトに参画したメンバーは、社長の私とともに自社らしさを言語化する体験をし、「同志度」が高まったと感じています。同じ景色を創ってきた仲間。ここからその景色を他のメンバーや顧客にどう伝えていくか。皆で考えて実践していきたいですし、今はその旅の途中です。

企業のミッション、ビジョン、バリューはともすれば経営陣だけの思いだけで作ってしまい、現場のメンバーが腹落ちしにくい「お飾り」になってしまいがちです。経営者とメンバーが共創して日々の行動を振り返りながら、自分たちの価値を言語化していく。未来を意味づけしていく。そのプロセスそのものがブランドを創る行為であり、何よりメンバーが会社の意思決定に参画する体験を創ります。すなわち、この取り組みはメンバーにエンパワーメントする行為そのものです。そして、エンパワーされたメンバーの、自組織や自職種へのエンゲージメント、すなわち帰属意識・オーナーシップ・誇りは間違いなく高まるでしょう。

とはいえ、いざ社内のメンバーだけでブランディングの議論をしようとしても、なかなか思いや本音が出てこないもの。どんなにオープンなコミュニケーションを心がけていても、どこかで普段の仕事での上下関係が邪魔してしまったり（組織とはそういうものです）。NOKIOOのような、ブランディングに知見がある外部のファシリテーターが入ることで、参加者が気づき、思い、夢などを語りやすくする。それもワークショップを機能させるための大きなポイントです。

ワークショップを契機にブランディングの意識が社員に芽生え、新たな挑戦の基盤ができた

028 部署の目指す姿を掲げてブランドマネジメントを進めている事例

ここまで紹介した取り組みは、どちらかと言うと企業や行政全社（全庁）レベルの取り組みです。ここからは、本書のメインターゲットでもある部署単位でのブランドマネジメントの事例を紹介します。いずれも全社でオーソライズされた公式の取り組みと言うよりは、部門長やマネージャーの強い思いで始めた自発的な行動であり、皆さんの「はじめの一歩」を後押しするものであると私は確信しています。

「2030年の情シス部門の未来予想」を発信：オルガノ株式会社　業務改革推進部　情報システムグループ（当時）

オルガノ株式会社（東京都江東区）は、社員数1,000名を超える総合水処理エンジニアリング企業です。その中でも、業務改革推進部・情報システムグループは、全社およびグループ会社のITシステムの企画・開発・運用・維持を担っています。

ところで皆さんは、情報システム部門（以下「情シス部門」）にどのようなイメージをお持ちでしょうか？　私も日系大手企業の情シス部門に勤めていた経験がありますが、お世辞にも花形部署とは言い難い。殊に日本の企業の情シス部門は「縁の下の力持ち」と言うと聞こえはいいですが、どちらかと言うと地味かつ社内プレゼンスが低く、他部署から悪気なく敬遠されたり、コスト扱いされたり、それゆえにメンバーのモチベーションも低位空飛行になりがちな部署の一つであるかもしれません。

「言われたことをこなすだけの人たち」
「あたりまえのことを、あたりまえにやっていても評価されない部署」
「ただし、失敗すると猛烈に責められる」
「ゆえに、チャレンジしたがらない。『前例踏襲』で石橋をたたいて渡る人たち」

オルガノの情報システムグループも、例に違わず、社内の存在感も控えめ且つメンバーのマインドもどちらかと言うと内向きな部署だったそうです。ところが2020年7月に原田篤史（はらだあつし）さんがグループ長に着任してから、徐々に空模様が変わり始めました。

情シスが牽引してフリーアドレスを進めたり、COVID-19の蔓延を期に率先してテレワーク環境を構築したり、「脱メール」を謳い情シス主導でチャットを利用しチャット文化、ひいてはオープンなコミュニケーション文化に景色を変えてきました。越境学習にも意欲的。メンバーが社外の人たちと交流する機会を設け、最新のテクノロジーやマネジメントの潮流や知識のインプットを増やすなどし、メンバーの意識も外に向いてきたと言います。

そんな原田氏が、2021年1月に部署のメンバーに公開したのが「2030年の情シス部門の未来予想」です。

#2030年の情シス部門の未来予想

2030年に情シス部門のおかれた環境を予想してみました。

これらはネット上の参考資料から著者(原田篤史)が拾い出して、勝手に妄想したものであり、部署の見解ではないことを御了承ください。

●外部環境(想定ストーリー)

2030年、10年前と比べ大きく世の中は変わっていた。総務省では躍起になって通信網を5Gから6Gに移行しようと日々宣伝を繰り返している。すでに「有線インターネット」という言葉が死語になって久しいし、そもそも「ネットに繋がっていないデバイス」というものが存在しなくなってきた。むしろインターネットに繋がれていないデバイスを探す方が難しい状態となった。

会社という組織も大きく変わっていった。物理的な専用オフィスを持っている企業は伝統的な地方の製造業だけになり、都内では在宅勤務が当たり前で、オフィス自体を持っていない企業も増えてきた。

組織での対面ミーティングがあるときは、都度レンタル会議室を借りて討論している。しかも、同一企業だけのミーティングや業務遂行などは少なくなり、企業同士のコラボレーション、プロジェクト毎のジョイントベンチャーが多くなってきた。そのため、使うソフトウェアやデータベースに関しても同じプラットフォームの上で業務をしている事が多い。

そんな企業が大半を占めるので、もちろん「自社サーバ」という言葉もなくなり、ほとんどの企業ではクラウドサービス上で業務を回している。

また、「オンプレ(自社の物理サーバ)・スクラッチ(イチから独自にソフトを作る)」というシステムは一部の特殊事業だけになり、多くの企業間でのプラットフォームとして「Salesforce」が使われており、独自にソフトを作成するというよりは、定型パッケージに業務を合わせて、そこで提供されるＡＩを上手く使って、自社の企業価値を高めている。

ちなみにSF社の時価総額は一時期のGAFAの4社を合計した金額を抜いて、世界一の企業になってしまった。(←ココは完全な妄想。笑)

PCもWindowsのシェアもかなり落ちていった。一時期はChromebookの勢いが物凄かったが、Microsoftも同様のWebブラウザ専用OSを出したためにPCのコストが急激に下落していった。社会が既に「ネットに繋がっている事が当たり前」になっているので、端末側で高度な処理を行う必要が無くなった分、軽量で簡易なPCが流行り、「PCキッティング」という言葉がほぼなくなった。

全てのデバイスは「生体認証」だけで各種サービスにアクセスできるようになった。(その代わり、生体認証が壊れたときのパスワードを忘れる人が多く発生し、マイナンバーカードで認証する人が増えた。)

2020年に始まったコロナショックの影響で、この10年で目まぐるしくＩＴに関する環境が変化した。その変化に対応できた企業と、出来なかった企業に大きな差が生じたが、その差は「社員のＩＴリテラシー」だと言われている。

クラウドサービスが一般的になったことで、この10年に色々なサービスが誕生したが、それにいち早く追いつき、それを使いこなした企業（個人）が効率的に仕事を進めることが出来、ツールを活用できない企業(個人)の生産性は相対的に落ちていった。。。

セキュリティの考え方、捉え方も大きく変化した。色々なセキュリティ対策のツールなども出ているが、悪質な攻撃者は手を変え品を変えアタックし続け、その様相はイタチごっこであった。

こうなると、どんなハードウェア的な防御を講じても致し方なく、社員一人一人のセキュリティに対する感度を高めるしかなく、ここだけはアナログな「人に対する教育」という作業が残っている。

唯一大きく変わっていない、と言っても過言ではないのが「財務会計」である。10年前は、日本企業のすべてがIFAS対応する！と言っていたのが、東証の上場基準見直しもあり、「プライム市場」はグローバル企業が多いためにIFAS対応に移行したが、多くの日本企業が属する「スタンダード市場」は相変わらずの日本企業的なものだった。。。ただ、監査法人からの強い要望で、作りこみのERPではなく、ERPの標準パッケージに沿った業務フローに変更する企業が増えた。

≪まとめ≫

・ネット接続は当たり前の世界。有線ではなく、無線接続が普通
・オフィスの概念が大きく変わり、イントラネットの概念が無くなった
・企業間連携が当たり前で、自社専用ソフトというツールはほぼ無い。
・生体認証が当たり前で、パスワードは覚えなくなる傾向
・PCはWindowsが主体ではなくなった。(シンクライアントに近い状態)
・社員のＩＴリテラシーが企業の競争力を分けた。
・セキュリティに関してはイタチごっこ。最後は社員個人のマインドによる

・基幹システムは監査法人からの要求で標準パッケージへの移行を促される

【参考】

総務省が2015年（平成27年）に描いていた2030年のICT未来年表

https://www.soumu.go.jp/johotsusintokei/whitepaper/ja/h27/pdf/n6100000.pdf

博報堂の未来年表

https://seikatsusoken.jp/futuretimeline/search_category.php?category=12

内閣府が2007年に描いた2025年の予想未来「伊野辺家の1日」

https://www.cao.go.jp/innovation/action/conference/minutes/inobeke.html

どんな思いでこの未来予想を執筆し公開したのか？　原田氏の思いと現時点でのメンバーの反応や変化について聞いてみました。

沢渡さんに書いていただいたとおり、以前の弊社の情シス部門はお世辞にも活気あふれる部門ではありませんでした。ただ、ちょうどコロナ禍で緊急在宅勤務の対応を行ったことを始めとして、情シス部門の業務が再認識されていた所でした。まさに「あって当たり前」のインフラのありがたみを社内全体で感じていた所ですね。

それと前後して、オルガノでは「ORGANO2030」という2030年にオルガノがどうなっていたいか？というビジョンが提示された所でした。ただ、全社のビジョンって、どうしても自分事化しにくいので、私は別視点で「世の中の情シスって2030年にはこうなっているだろうね～」

という未来予想図を示して、2030年の内部環境、外部環境を重ねることで、その時の自部門の未来像を部員各自で思い浮かべられるように仕向けました。

私個人がそうなんですが、「こうしなさい！」と指示命令されるのが大嫌いなもんで、材料を渡して、あとは自分で考えてほしい、という感じにしています。そうすることで、浮かべた将来像が自分事化し、「何をすべきか？　何をしたいか？」が能動的に想像でき、行動に繋がっていると思います。

「部署のビジョン、ミッション、バリューを掲げよう！」と言うと、どうしても重たくなってしまいがちです。綺麗な文章を掲げようとして美辞麗句を連ね、結局メンバーがイメージしにくい、腹落ちしにくい「リーダー独り善がり」な作文になってしまうことも。それでは意味がありません。ビジョン、ミッション、バリューにこだわらなくても良い。部署の目指す姿や、目指す姿を考えるためのストーリーを投げ込み、「さあ、私たちはどうなったらいい？」の思考と対話をチームに促す。部署単位で自分たちの期待役割を描いていくための有意義なアプローチであり、その方法の可能性を原田氏は示してくれています。

DXの推進役となるべく自部署のミッションを策定
：TIS株式会社　経営管理サービスユニット　コンサルチーム

国内大手のITシステムインテグレーター（SIer）の一つ、TIS株式会社は他のSIer同様に顧客のDX（デジタルトランスフォーメーション）に資する企業組織への変革に力を注いでいます。中田誠（なかたまこと）氏が所属する経営管理サービスユニットは、顧客の経営管理業務（会計、人事等）のDXを推進する重要な部署。従来のSIerのビジネスモデルだけでは、顧客や社会の期待を超えることは難しい。中田氏自身もそう認識し、2022年4月に新たにコンサルチームを立ち上げ、ミッションを策定して掲げました。

▼中田氏が掲げた経営管理サービスユニット コンサルチームのミッション

コンサルチームのミッション ＝ 事業部の構造転換の実現

■ コンサルチームは、事業内容だけに留まらない構造転換(≒イノベーション)を実現することで、事業部のビジネス規模拡大に貢献することを目指します。

ミッション ＝ 事業部の構造転換の実現

コンサルチーム

事業構造を変える Service Innovation
- ✓ 経営管理DXビジネス規模拡大の一翼を担うべく、新しい領域にチャレンジし続ける。
- ✓ 新製品・新技術を活用したサービスを事業のコア・コンピタンスとする。

人材を変える Human Innovation
- ✓ エンジニアをバックボーンとしたコンサルティング能力に長けたハイエンド人材集団となる。
- ✓ 高い専門性で新たなビジネス価値を創出するタレントを輩出する。

プロセスを変える Process Innovation
- ✓ 非効率な社内オペレーションに改善のメスを入れ、付加価値の低い作業の徹底的な効率化を推進する。
- ✓ 付加価値の高い作業の比重を高め、収益性向上を実現する。

組織文化を変える Culture Innovation
- ✓ 『Create Exciting Future』を合言葉に、「Speed」「Challenge」「Open」「Collaboration」をチームの行動指針とする。
- ✓ 「イキイキ」「ワクワク」をチームで体現し、個々が成長する。

コンサルチーム行動指針

■ 構造転換(≒イノベーション)を実現するために、コンサルチームの4つの行動指針を定めました。

Create Exciting Future（Road to Group Vision 2026）

Speed

- ✓ 個々の思いやアイデア等を、素早く行動に移してアウトプットを量産しましょう。アウトプットは、常に100点満点を目指す必要はありません。
- ✓ 私たちにとっての絶対的なNGは、「何もしなかったことによる機会損失」です。

Challenge

- ✓ 新しいことにどんどんチャレンジしていきましょう。その過程で得られた新しい知識、技術、経験は、未来のTISのビジネスに必ず活きてきます。
- ✓ 「やったことがないからできない」ではなく、「どうすればできるかを考える」思考のクセをつけましょう。

Open

- ✓ 個々が有する知識、経験、知恵、思い、アイデア等を積極的に他の方に共有(開示)していきましょう。
- ✓ 共有(開示)した内容に対して、他の方の思いやアイデア等を付加することで、自分自身では思いもしなかった新たな価値が生み出されていきます。

Collaboration

- ✓ チーム活動の推進は、チーム内に留まらず、社内外の様々な関係者と協力し合って進めていきましょう。
- ✓ 他の方々と一緒に進めていくことで、自分たちだけでは成しえない大きな目標が達成されます。

「非連続な成長目標」を達成する

■ 「今できること」を基軸に現在の延長線上で目標を立てるだけではなく、「今できないこと」を基軸に「非連続な成長」を実現する目標を立てることも、『Create Exciting Future』のアプローチのひとつと考えます。

連続した成長目標

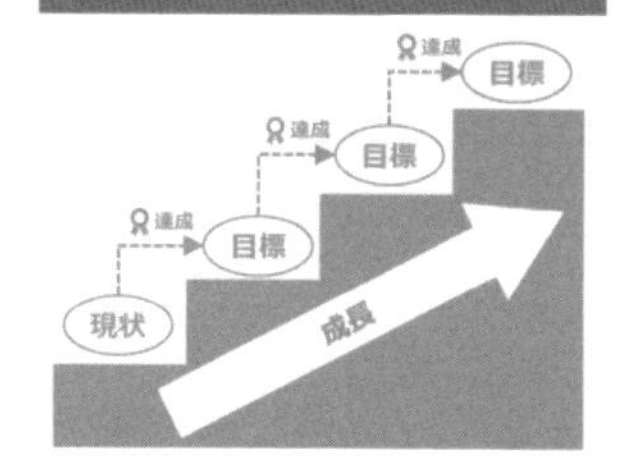

- ✓ 現状に対して論理的に達成可能と見込めるストレッチ目標とその達成を積み重ねて成長するモデル。
- ✓ Mid(Low) Risk & Mid(Low) Return

＋

非連続な成長目標

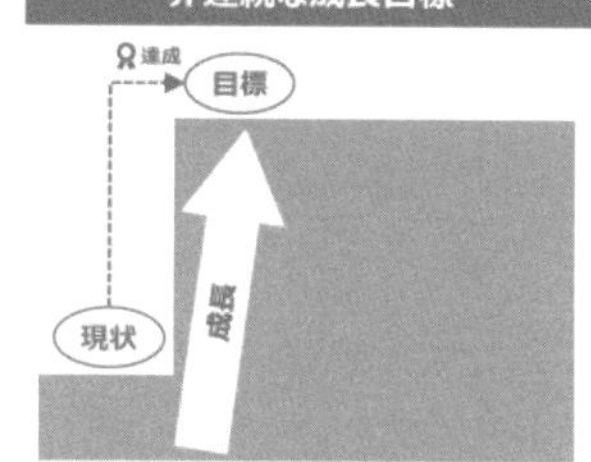

- ✓ 現状に対して達成見込みが測定不可能なハイパーストレッチ目標を掲げ、そこから逆算したアプローチを考えて挑戦するモデル。
- ✓ High Risk & High Return

その時の組織の状態に適した「連続した成長目標」と「非連続な成長目標」のポートフォリオ設定が重要。

チームのミッションが明文化され、それに基づいて行動指針、達成すべき目標が示されている

中田氏が所属する事業部の構造転換の実現を軸に、「事業構造を変える」「人材を変える」「プロセスを変える」「組織文化を変える」４つの柱でチームのミッションを明文化するとともに、行動指針も示されています。これらは言わばチームの共通言語です。共通言語があるからこそ、メンバーは自分たちの目指す姿や理想とする行動を常に振り返り、なおかつなぜその行動をとるのかを他部署や顧客など組織外の人たちにも合理的に説明をすることができます。

とはいえ、ビジョン、ミッション、バリューなどの理念はメンバーに浸透するまでに時間がかかるもの。自部署のミッションを策定してから1年、2023年4月時点でどう景色が変わってきたか、中田氏に聞きました。

2022年4月に私が起案者となりコンサルチームを立ち上げましたが、半年ほどは既存事業のシステム開発プロジェクトで多忙を極め、目立った成果は出せませんでした。

転機となったのは、2022年11月に同事業部の企画部門に異動したことでした。

それまで所属していた開発部門との兼務ではあったのですが、事業部の新たな事業（サービス）を創出する役割を担うことで、「事業構造を変える」ための第1歩を踏み出しました。

社内外の様々な方とのコラボレーションやディスカッションを通じて新たな事業（サービス）を創り上げる活動は、同じ部署のメンバーにとって良い刺激になりました。

・最新の市場動向を積極的に情報収集し始めたメンバー
・社外のコミュニティでの越境学習を経験したメンバー
・将来はITコンサルタントを目指そうと決意したメンバー
・自分も何か新たなサービスを創ってみたいと考え始めたメンバー等々

特に、若手メンバーの行動が短期間のうちに変わったことが一番嬉しかったです。

「現状の制約は抜きにして、私たちの部署のワクワクする未来をみんなで語り合おう！」という対話会を私が企画・開催したのですが、その直後に「私たちの部署のビジネスやコミュニケーションを活性化していくための活動を始めよう！」というコンセプトのもと、若手の有志による『組織活性化Lab.』なる組織開発推進チームが新たに立ち上がりました。

2023年4月からは、新事業（サービス）の創出の役割を担いつつ事業部のHRBPとして人材戦略の策定と実践に関わることになりました。チームのリーダーを担いつつ事業部の人材ポートフォリオ変革の役割も担うことになり、現在は事業部内のITコンサルタント人材の育成施策を実践中です。

少しずつではありますが、「事業構造を変える」「人材を変える」「プロセスを変える」「組織文化を変える」という4つの柱にそれぞれ確実な変化が起きています。

中田氏が掲げたビジョンは、同部署のメンバーだけではなく他部署のメンバーの行動変容ももたらしています。

安積津友香（あづみつゆか）氏は中田氏と部署は異なりますが、コンサルチームのビジョンに共感しました。そのミッションをかみ砕き、得意の能力を活かして、こんなグラフィックレコーディング(略称・グラレコ)を作成しました。

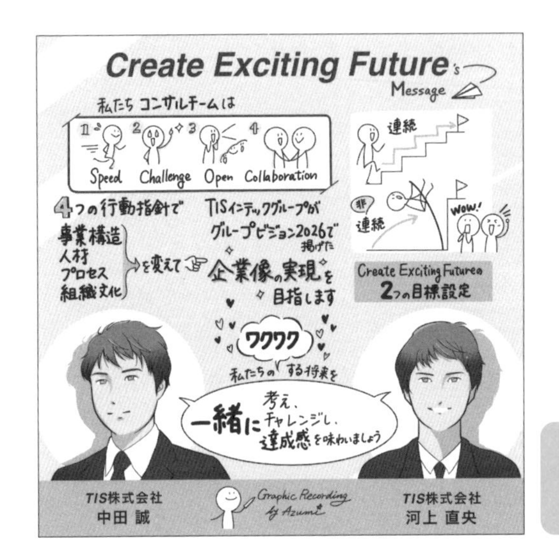

安積氏の作成したグラフィックレコーディング

メンバーがチームのビジョンを自分なりに咀嚼（そしゃく）し、自分なりの言葉にする。それは、チームや部署の意思決定に主体的に参画する行為にほかなりません。つまり、メンバーの自律性やエンゲージメント向上にも大きく寄与していると言えます。

部署のミッションとは、言わば悩んだ時の判断基準。VUCAと呼ばれる時代、複雑化や多様化が進み何かと迷うことが多い環境下だからこそ、「悩まない」「迷わない」ための指針が部署や職種単位でも必要なのかもしれません。

労働組合のリ・ブランディング
:SOMPOシステムズ労働組合

ビジョン、ミッション、バリューのような理念を掲げて組織運営したほうが良い。それは企業や行政組織の部署だけの話ではありません。労働組合において、理念を刷新し変革を図ろうと取り組んでいる事例を紹介します。SOMPOシステムズ労働組合（東京都立川市）。SOMPOグループの中核企業である国内大手損害保険会社の一社、損害保険ジャパンの情報システム構築や維持運用を担う企業の労働組合組織です。

SOMPOシステムズ労働組合は、執行部が中心となり「労働組合を、組合員のサードプレイスに」を目指す姿に据え、時代の変化に適応した新たな労働組合のあり方を模索し始めました。サードプレイスとは、自宅でも職場でもない居心地の良い第三の居場所を意味します。組合員に寄り添い困ったときに助け合うコミュニティでありたい。組合のそのような思いが伝わってきます。

従来の労働組合組織は、その役割から雇用側（会社側）と対立する立場をとる傾向にありました。あるいは、実際のところ会社側にのみ寄り添い、古い慣習や考え方から脱却できず組合員の声や思いとは真逆のことを行い、組合員への求心力を失う形骸化した労働組合も世の中には少なからず存在します。

これからの時代に求められる労働組合とは何か？　SOMPOシステムズ労働組合は以下の行動指針をもとに、従来のあり方をいったんリセット。組合員同士や労使関係において対立・闘争の立場をとるのではなく、対話・共創に基づいたより良いコミュニティを構築しようと行動し始めています。

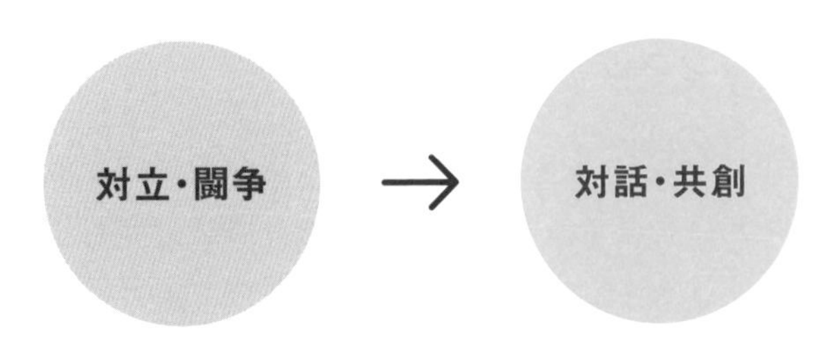

<行動指針>

「本気で面白く、真面目に楽しく」

執行部役員が「本気で面白く、真面目に楽しく」取り組むことができる組合活動、執行部役員と組合員にとって、組合があって良かったと思える組合活動を行う。

「組合員のための組合活動を」

組合員一人ひとりの声、真のニーズを把握して、組合員が必要とする労働組合活動を行う。

「Fun! Learn! Fan!」

労働組合を活用して積極的に楽しむ機会、学ぶ機会を創ることで、労働組合活動に関心を持つファンを増やす。

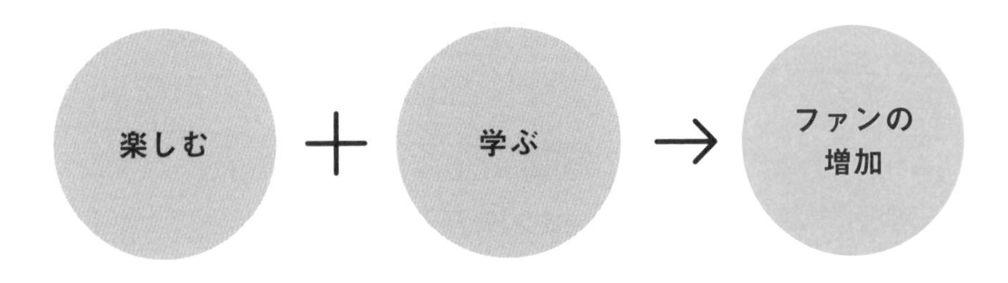

この活動方針をもとに、目指すはたらき方の理想像を次の図で示しています。

わたしたちの目指す働き方の実現

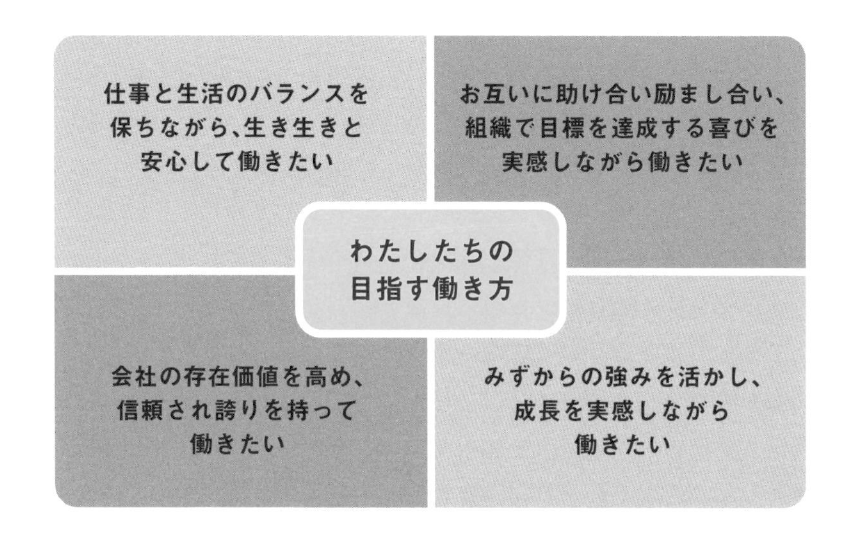

この方針を立てて実践するまで、労働組合の運営組織である執行部でもさまざまな学習とディスカッションを重ねてきました。外部の専門家を呼び、働き方やブランドマネジメントに関する学習をしたり、Slackなど最新のコミュニケーションツールを執行部がまず体験しつつ執行委員同士でのディスカッションや情報のインプット／アウトプットを重ねたり、オンラインの越境学習プログラムを取り入れ執行委員と組合員に体験してもらったり、さまざまなトライをしてきました。

言わば、労働組合のリ・ブランディング（ブランドを刷新する行動）。その狙いと現時点での手ごたえを執行部代表 小川貴之氏に聞いてみました。

この方針を基に執行部と組合員の距離を縮める取り組みを始めています。

ひとつは、組合員と対話の機会を作る。組合員の率直な考えを聞きたかったので、企画の段階から外部の企業に支援を依頼し、ヒアリング項目、実施方法の検討、当日のファシリテーションをお願いしました。事前アンケートで、参加者に会社での担当業務、仕事で感じるやりがい、難しいと感じていること、困っていることなどを書いてもらい、それを基にヒアリングを重ねました。現時点ではトライアルとして二人にしか実施出来ていませんが、今後につなげていく予定です。

もうひとつは、執行部から組合員に発信する広報物のテイストを柔らかいイメージにする。執行部から組合員に伝えたい活動方針や活動報告を記載した組合大会議案などはPDFファイルを共有ドライブに格納して発信していますが、読んでもらえないと伝わりません。メールでの案内文をわかりやすくしたり、作成するドキュメント自体のトーンを明るいものにして、眺めてもらえるような形式にしました。

組合員に楽しんでもらうための施策としては、グループ会社の労働組合と合同で、組合員とその家族に向けたイベントを開催しています。コロナ禍前は、ディズニーランドとユニバーサルスタジオジャパンの貸し切りステージでの観覧ショーを提供していました。ここ数年は、Zoomで参加できるオンラインツアーを企画して提供しています。

また学びの機会として、育児と仕事の両立期にある女性向けのオンラインスクールである株式会社NOKIOOの「スクラ」を導入し、組合員に提供しています。これまでに5人の方が受講してくれました。参加してくれた方には好評だったため、労働組合として継続的に広げていきたいと考えています。

ややもすれば形骸化しがち、時代に逆行しがちな労働組合組織。ここからどのように景色の変化が生まれてくるのか、期待が膨らみます。

たった一人の思いある社員の発信が、「インフラ運用・保守業務の価値とは何か？」「自分たちは何者か？」を考えるきっかけに：富士通株式会社「やわデザ」コミュニティでの景色の変化

「そうは言っても、部門長やチームリーダーだからできるのでしょう。私はイチ担当者だし、部署を変えることなんてできません……」

「DXやマーケティングのような目立ちやすい部署だから何とかなったのでしょう。私たちはあたりまえの仕事を、あたりまえにこなして、でも感謝されない地味な職種ですから……」

本書をここまでお読みになって、そのような諦めの気持ちになってしまっている人もいるのではないでしょうか。あなたがマネージャーやリーダーでなくても大丈夫。派手な職種でなくても問題ナシ。一人の担当者の社内での発信から、「自分たちは何者か？」「私たちの価値は何か？」の議論が社内の組織を超えて行われ始めた、そのような事例を紹介します。

富士通株式会社。言わずと知れた、日本の大手IT企業です。2019年に時田社長が就任すると、IT企業から真のDX企業に生まれ変わるべく変革に向け、デザイン思考の導入をはじめとしたさまざまな施策に着

手。こうして生まれた取り組みの一つに、「やわデザ」コミュニティがあります。「やわデザ」とは2020年7月に誕生した、富士通グループ社内のオンライン・コミュニティ「やわらかデザイン脳になろう！」の通称。日本の大企業にありがちなカチコチ脳から脱却し、まずはグループ企業のメンバー同士が横でつながってやわらかなつながりと化学反応を生んでいこう、身近なところからアジャイルなコミュニケーションやデザイン思考を実践し、変革を体現していこう、そうして始まった企業内コミュニティです。「やわデザ」はMicrosoft社のツール、Yammer（現在はViva Engage）とTeams上で展開され、本書執筆現在で3,000名を超えるグループ会社のメンバーが参加しています。

その「やわデザ」において、ある時、一人の社内情報インフラ担当者の投稿がきっかけとなりITインフラ運用・保守の職種の価値やあり方について、会社や職位を越えてポジティブな議論が起こり始めました。

吉田明史（よしだあきふみ）氏。社内情報インフラ担当で「やわデザ」にも積極的に参画しているメンバーの一人です。社内情報基盤のような、ITシステムや通信ネットワークインフラの運用・保守は世の中に無くてはならない仕事ではあるものの、見えにくい仕事であるがゆえに悪気なくコスト扱いされたり、後回しにされがち。また業務の特性上ミスが許されないカルチャーも色濃く、担当者は「問題なく仕事をこなしてあたり前（しかし感謝されない）」「ただし、失敗すると激しく叱責される」理不尽な立場に追い込まれることも。

このままではメンバーのモチベーションの低下が進み、人材不足が加速。重要な社内ITインフラを守れなくなるのではないか。吉田氏はそのような危機感から、部内コミュニティに以下の投稿をしました。

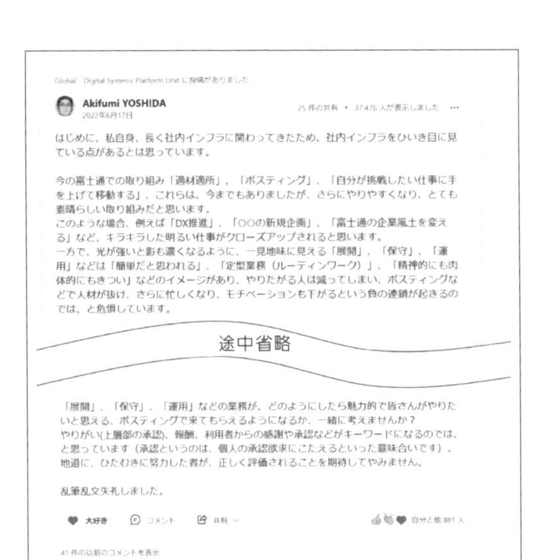
Global Digital Systems Platform Unit に投稿がありました

Akifumi YOSHIDA
2022年6月17日

25 件の共有 • 37,476 人が表示しました

はじめに、私自身、長く社内インフラに関わってきたため、社内インフラをひいき目に見ている点があるとは思っています。

今の富士通での取り組み「適材適所」、「ポスティング」、「自分が挑戦したい仕事に手を上げて移動する」、これらは、今までもありましたが、さらにやりやすくなり、とても素晴らしい取り組みだと思います。
このような場合、例えば「DX推進」、「○○の新規企画」、「富士通の企業風土を変える」など、キラキラした明るい仕事がクローズアップされると思います。
一方で、光が強いと影も濃くなるように、一見地味に見える「展開」、「保守」、「運用」などは「簡単だと思われる」、「定型業務（ルーティンワーク）」、「精神的にも肉体的にもきつい」などのイメージがあり、やりたがる人は減ってしまい、ポスティングなどで人材が抜け、さらに忙しくなり、モチベーションも下がるという負の連鎖が起きるのでは、と危惧しています。

途中省略

「展開」、「保守」、「運用」などの業務が、どのようにしたら魅力的で皆さんがやりたいと思える、ポスティングで来てもらえるようになるか、一緒に考えませんか？
やりがい(上層部の承認)、報酬、利用者からの感謝や承認などがキーワードになるのでは、と思っています（承認というのは、個人の承認欲求にこたえるといった意味合いです）。
地道に、ひたむきに努力した者が、正しく評価されることを期待してやみません。

乱筆乱文失礼しました。

大好き　コメント　共有　自分と他 881 人

41 件の以前のコメントを表示

吉田氏が部内コミュニティに投稿した内容（『社内SNSを活用して企業文化を変えるやわらかデザイン』から引用）

吉田氏のこの投稿は大きな反響を呼び「やわデザ」のYammerにも波及。富士通グループ内3万人以上の目に触れ、およそ900名の「いいね」がつき40件以上のコメントが寄せられました。

職位を超えた議論も加速。CDXO（Chief Digital Transformation Officer, 最高デジタル変革責任者）補佐（現CDXO）兼CIO（Chief Information Officer, 最高情報責任者）の福田譲（ふくだゆずる）氏が後押しのコメントを投稿し、人事評価制度や採用の面、担当部署の当事者のマインドや行動の面など、多様な視点でITインフラ職種の価値をどう向上させていくかフラットなディスカッションが行われ始めています。

この投稿が、どんな変化をもたらしたか。現時点での手ごたえを吉田氏に聞いてみました。

正直、ネガティブな反応を受けるのではないかと覚悟で投稿しましたが杞憂でした。私の投稿が組織開発をミッションとする部門の目にも留まり、その部門と運用・保守部隊で、富山県の拠点で実施しているワークショップでディスカッションが行われるなどの行動の変化が生まれました。さらに、私の投稿を社長の時田さんも見ており、「富士通のカルチャーが変わってきた実感を持つことができた」と熱いメッセージをもらいました。

一方で、カルチャーが変わったとはまだ言い難いと思っています。ワークショップなどを通じ、運用・保守の課題や価値を言語化できてきたものの、まだ同じ職種の人たちの中にとどまっている。カルチャーを変えるには、部署や職種、従来のヒエラルキー構造を超えた対話とディスカッションを重ねていく必要があると感じています。

運用・保守の職種が変わっていく様（さま）をどう見せていくか、実体験できるか、 ここから皆でチャレンジしていきたいです。

「やわデザ」の動きは、地方都市で勤務する人たちにも良い影響を及ぼしました。岩城愛子（いわきあいこ）氏は、富山県にお住まいで富士通の社内基盤システムのサポートデスクを担当しています。

私はシステムサポートのような地に足の着いた仕事が好きです。その一方で皆日々の運用業務で手一杯になりがちで、発信が不足していると感じていました。吉田さんの勇気ある発信を契機に、その景色が変わり始めた意義は大きいですね。自分の価値を再確認するきっかけにもなりました。

私は関東勤務を経て、生まれ故郷である富山に戻り仕事をしています。いまでこそ、IT ツールを駆使しながら多拠点の人たちともコミュニケーションが出来ていますが、地方の拠点は本社との距離が遠くなりがちですし、転勤を機に辞めていく人もいました。この切ない状況なんとかしたい。現在の部署では IT ツールをフル活用し、拠点間の心の距離を縮めつつ、中途採用や子育て中で意欲のある方がハンデなく活躍できる仕事のやり方に変えていっています。私自身、ワークもライフも諦めたくないのです。地方拠点、そして運用・保守・サポートの職種でそれが実現できる。それを富士通グループ内の人たちにまず知ってもらいたい。その一歩として、私は最近ポスティング（社内募集制度）に手を上げました。今後は、グループ内の人たちと協働する場で、地方拠点の価値、職種の価値を発信していきたいです。

私自身、企業での IT サービスマネージャーの経験者であり、IT システム運用畑を経験した人間の一人です。IT システム運用・保守のような、世の中になくてはならないインフラを支える仕事の価値が正しく伝わってほしいし、IT インフラエンジニア職種のプレゼンスが上がってほしいと切に願っています。それだけに吉田氏の勇気ある発信、および吉田氏の発信を機に前向きなディスカッションが起こっていることに胸が熱くなります。また、岩城氏のように自分の職場や職種をより良くしたい思いを持つ人の心に火が灯り、外に向かう行動が生まれてくる。こうしたオープンな対話と行動変容の連鎖が生まれてきた富士通の組織文化を、私も日系大企業出身者として嬉しく思います。また私は浜松で事業を営んでおり、地方拠点（富山）発で発信と新たな行動を興す岩城さんに勇気をいただきました。

「やわデザ」の取り組み、および「やわデザ」が生まれた背景にある「フジトラ（Fujitsu Transformation）」の概要を知りたい方は、書籍『社内

SNSを活用して企業文化を変えるやわらかデザイン』（富士通デザインセンター監修、富士通ラーニングメディア）を是非読んでみてください。

「やわデザ」の取り組みについては『社内SNSを活用して企業文化を変える やわらかデザイン』（富士通ラーニングメディア）に詳しく掲載されている

自分たち部署や職種のプレゼンスを上げる。そのためには、自分たちを発信する行為が極めて重要であり、誰でも発信できて、誰でも反応できるオープンなコミュニケーション基盤の大切さも実感します。

発信しよう。そして反応しよう。
そこから、世界は小さく変わり始める。

なお今皆さんにお読みいただいているこの原稿も、「やわデザ」コミュニティのオンラインイベント（478名が参加）で吉田氏と岩城氏にリアルタイムで私と担当編集者が取材し、その場で画面共有しながらライティングするスタイルで書き進めました。これぞ、やわらかデザイン！

「やわテザ」コミュニティのオンラインイベントの様子。筆者も参加し、本書の原稿もインタビューしながら執筆した

この章のまとめ

・ミッション、ビジョン、バリューはその組織における「迷ったときの判断基準」であり、自分たちを差別化するためのブランドマネジメントの軸。

・ミッション、ビジョン、バリューに沿った行動が、組織とチームを強くする。

・とはいえ、全社レベルのミッション、ビジョン、バリューは「ふわっ」としがち。

・ミッション、ビジョン、バリューを部署レベル、行動レベルにかみ砕く仕組みと行動が重要。

・自分たちの期待役割は何か？　3方向の対話を通じ言語化しよう

⇒部署単位のミッション、ビジョン、バリューを設定し、自分たちの期待役割をアップデートし続けよう

第6章

ブランドワークショップをやろう

自部署の姿を自分たちで言語化する

ここまでで「推される部署」になるために必要なブランドおよびブランドマネジメントの考え方、そして部署やチーム単位でブランドマネジメントに取り組む重要性については十分理解いただけたかと思います。
第6章では、自分たちで自部署のありたい姿と行動計画を描くための、ブランドワークショップの進め方と事例を紹介します。皆さんの職場でも、事業年度の始まり、次年度にむけた準備期間、新しい部署の発足（キックオフ）のタイミングなどで実践してみてください。

INDEX

推される

029 ブランドワークショップの進め方を学ぼう

ここではブランドワークショップの進め方を解説します。多くの要素がありますので、図版などを参考に内容を確認していきましょう。

1 ブランドワークショップとは

部署やチームの現状と目指す姿、および理想と現実のギャップを埋めるための行動、能力、経験などをグループワークを通じて自分たちで言語化する取り組みです。外部のファシリテーターを起用して行うケースもあります。

ブランドワークショップのアウトプットは、部署の当年度や次年度、または中長期の重点課題や行動計画に織り込みます。

2 ブランドワークショップの項目例

以下はブランドワークショップで話し合う項目の例です。

--ブランドワークショップの項目例--

(1) ブランドとは？
(2) 自分たちは「誰に」「どう思われているか」
(3) 自分たちは「誰に」「どう思われたいか」

(4) 自分たちは「誰に」「どんな価値を提供したいか」「どんな状態をもたらしたいか」
(5) そのために「どんなブランド接点」が必要だと思うか
(6) そのために「どんな行動」「どんな能力」「どんな経験」が必要だと思うか

各項目についてそれぞれ1時間〜2時間程度、対面またはオンラインのグループワークでディスカッションをします。もちろん2時間で終わらない場合は、その限りではありません。

対面で実施する場合はホワイトボード、模造紙、付箋、サインペン、プロジェクターとスライド投影用のパソコンなどを用意し、ディスカッションの枠組みと話し合われ言語化された内容を可視化しながらワークショップを進めます。オンラインの場合は、パワーポイントなどの電子ファイルや、Notion、Googleドキュメント、Miroなど共同編集可能なツールに各自のコメントや議事を書き出し、画面共有しながら進行すると良いでしょう。グループチャットも併用し、ファシリテーターが問いを投げ込んだり、参加者がコメントや気づきを書き込むスタイルもアイデア出しに有効です。グループチャットのログを保存しておけば、欠席者がどんなやり取りがされたのか後で知ることができますし、参加者の議論の振り返りもしやすくなります。議事録作成の手間も省くことができ、議論に集中することができます。

3 ブランドワークショップにおける役割分担の例

ブランドワークショップにおける役割分担の例も示します。

--ブランドワークショップにおける役割分担の例--

・プログラムマネージャー：プログラムの全体設計、メンバー招集、進行管理、予算管理など。ファシリテーターとの調整役も果たす。
・ファシリテーター：司会進行役。問いや新たな着眼点の投げ込みも行い、参加者の意見出しや合意形成（言語化と景色合わせ）を促進する。
・インプット提供者／アドバイザー：そのテーマの有識者や専門家（基調講演などをしてもらう）、および（または）ワークショップの経過や成果に対してアドバイスやコメントなどのインプットを提供してくれる人。社内の関係部署の人を巻き込むのもあり。
・書記：議事録作成役。ホワイトボードや模造紙に書き出されたアウトプットを撮影したり、グループチャットのログを残すのも有効。
・タイムキーパー：ワークショップ当日の時間管理役。

これらの役割を、企画者やファシリテーターが一人で担おうとするのはなかなかしんどく、パンクしがちです。稀にすべてを一人でこなすスーパープレイヤーもいますが、あくまでレアケース。チームで役割を分担して進めましょう。

ファシリテーターは外部の専門家を起用する方法もあります。組織の中の人だけでは、客観的な立ち位置に立ちにくかったり、新たな着眼点でものごとを俯瞰しにくかったり、上下関係や利害関係が邪魔をして自由な意見や発想が生まれにくいこともありますから。

4 ブランドワークショップの進行イメージ

ブランドワークショップの項目例で示した（1）～（6）の項目例に沿って、ブランドワークショップをどのように進めていくかを解説します。

話をわかりやすくするために私立大学の事務管理部署を想定し、どのような内容を話し合ったら良いか具体例を添えながらこの先の話を進めます。

---ケース---

あなたは私立大学の事務管理部署のリーダーです。学校運営を事務の側面で支えている重要な部署です。ところが旧態依然の仕事のやり方も災いしてか、学生や教職員ほか関係者からの評価がどうも低い。かつ業務負荷も高く、メンバーのモチベーションも低く離職者も増えてきている。この状態を何とかしたい。そのために、リーダーのあなたはブランドワークショップを行うことに。自部署のありたい姿をメンバーと一緒に描いていきます。

(1) ブランドとは？

まず始めに、ブランドとは何か、さらにこれから自分たちがやろうとしていることは部署のブランディングの取り組みである、という共通認識を参加メンバー全員が持っておいた方が良いでしょう。

自分たちの行動を振り返り、足りない行動を言語化していくための、考える「アンテナ」「軸」を頭の中に立てることができ、ここから始まる意見出しや話し合いがしやすくなります。

具体的には、専門家を呼んでブランドをテーマにした基調トークや講演を実施する、ブランドに関する書籍を皆で読む、あなたがブランドに関して話をする、などが考えられます。

宜しければ、この書籍の第1章、第2章、第3章も活用してみてください。

(2) 自分たちは「誰に」「どう思われているか」

ブランドの基礎知識をインプットしたら、次は自分たちの現在位置の把握をします。自部署は「誰に」「どう思われているか」、すなわち自部署のブランドステークホルダー（第2章）と関係性を参加者全員で言語化します。

各自が意見を付箋で書き出してホワイトボードに貼っていく、あるいはオンラインで画面共有した白紙のパワーポイントなどに各自のコメントを書いて表にまとめていく進め方をお薦めします。マインドマップを活用しても良いでしょう。以下は私立大学の事務管理部署の一例です。

<誰に>
学生に
<どう思われているか>
・科目登録手続きを進めてくれる人
・受講の案内や休講案内の係
・事務的な対応で杓子定規な人たち
・暗い人たち
・わりと不親切？

<誰に>
教職員に
<どう思われているか>
・シラバスの準備をしてくれる人
・教室の手配や案内をしてくれる人
・教材やテストなどの印刷係
・オンライン講義のヘルプデスク

<誰に>
外部の講演者に
<どう思われているか>

・講師登録や講演実施の際の窓口役
・面倒な書類手続きを押し付けてくる人たち

＜誰に＞
　理事会に
＜どう思われているか＞
・理事会の運営事務局
・学校運営の手足

＜誰に＞
　OBやOGに
＜どう思われているか＞
・卒業生向けの会報を定期的に送って来る人たち

上記はほんの一例です、ほかにも受験生、保護者、地域住民、食堂の運営やシャトルバスの運行をする外部の協力会社や警備会社、パートタイムのスタッフなどさまざまなステークホルダーが考えられます。

私がブランドワークショップで良く使用する、フォーマットの例を2つ紹介します。活用してみてください。

▶ブランドワークショップのフォーマット事例(1)

誰に	どう思われているか
学生	・科目登録手続きを進めてくれる人 ・受講の案内や休講案内の係 ・事務的な対応で杓子定規な人たち……
教職員	・シラバスの準備をしてくれる人 ・教室の手配や案内をしてくれる人 ・教材やテストなどの印刷係……
外部の講演者	…………
理事会	…………

▶ブランドワークショップのフォーマット事例(2)

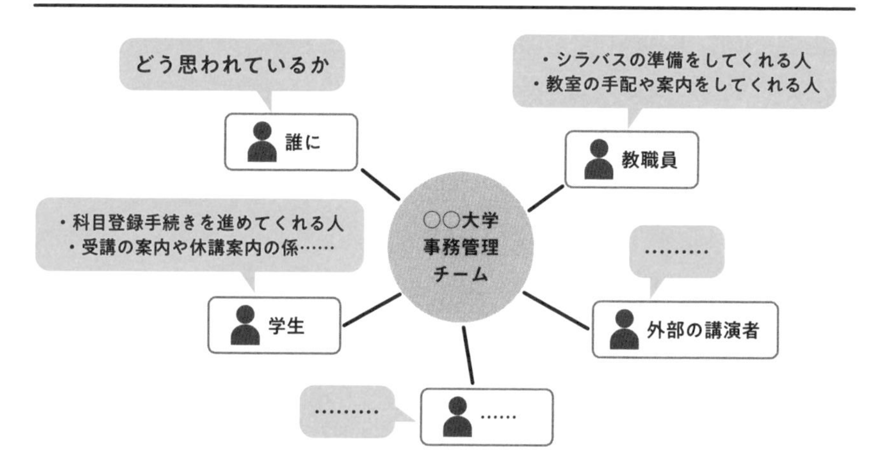

(3)自分たちは「誰に」「どう思われたいか」

自部署は「誰に」「どう思われているか」を書き出したら、次は「どう思われたいか」を言語化します。(2) 同様のフォーマットを使うと話を連続的、かつ対比しながら進めやすいでしょう。

＜誰に＞
　学生に
＜どう思われたいか＞
・各種の手続きや案内をわかりやすく説明してくれる人
・IT ツールも活用しながら、スマートに情報提供してくれる人
・学生の悩みをわかり、寄り添ってくれる人
・困りごとを相談したいと思う、頼りになる人たち

＜誰に＞
　教職員に
＜どう思われたいか＞
・講義準備の取りこぼしのないよう、先回りしてやるべきことを教えてくれる人
・オンライン講義が自分自身で実施できるよう、成長をナビゲートしてくれる人

＜誰に＞
　外部の講演者に
＜どう思われたいか＞
・講演のスムーズな実施を支えてくれる頼れる人たち
・自分の専門性をリスペクトしてくれるよき理解者

＜誰に＞
　理事会に
＜どう思われたいか＞

・理事会の進行を積極的に仕切ってくれる人
・学校運営に関する新たな知識やトレンドをインプットしてくれる人

＜誰に＞
OBやOGに
＜どう思われたいか＞
・学校の今の状況や、卒業生の活躍する姿などを伝えてくれる人
・「顔」の見える人たち

いままで接点がなかった、新たなステークホルダーを設定してみるのもありです。たとえば、いままでは地域の企業や住民と接することはあまりなかったが、これから積極的に接点を創り大学に対する理解を深めてもらいたい。その場合は「地域企業」「地域住民」などのステークホルダーを「誰に」に書き加えましょう。

(4) 自分たちは「誰に」「どんな価値を提供したいか」「どんな状態をもたらしたいか」

次に自部署は「誰に」「どんな価値を提供したいか」を考えます。どんな価値を提供したいかとは、言い換えれば、あなたたちの行動や活動の結果、相手にどんな状態になってほしいかと考えることもできます。

＜誰に＞
学生に
＜どんな価値を提供したいか／どんな状態をもたらしたいか＞
・「ウチの学校凄い」と思い、友達や家族に自慢したい状態

＜誰に＞

　教職員に
<どんな価値を提供したいか／どんな状態をもたらしたいか>
・IT ツールも使いこなし、学生と双方向の講義を展開できる体験

<誰に>
　外部の講演者に
<どんな価値を提供したいか／どんな状態をもたらしたいか>
・スムーズに講演いただける環境を提供したい
・「この人達のおかげで、講演に全力投球できる」と思ってもらいたい

<誰に>
　理事会に
<どんな価値を提供したいか／どんな状態をもたらしたいか>
・大学のファンを増やすために必要な取り組みの着眼点を提供する
・自分たちを「ともに学校を創る良きパートナー」と思ってもらいたい

<誰に>
　OB や OG に
<どんな価値を提供したいか／どんな状態をもたらしたいか>
・卒業生として誇らしく思える状態

「どう思われたいか」「どんな状態をもたらしたいか」を想定する際、説明文章だけではなく具体的なセリフやメッセージで考えてみてください。上記の例では、「ウチの学校凄い」「この人たちのおかげで、講演に全力投球できる」などがそれです。こんな場面で、こんな言葉を発してもらえたらいいな。想像を膨らませながら、具体的なシーンを思い浮かべてみましょう。そのイマジネーションが、他者理解につながります。

(5) そのために「どんなブランド接点」が必要だと思うか

ここまでで自部署の理想の状態、各ステークホルダーとの理想の関係がかなりイメージできてきたことでしょう。その理想状態を達成するために、各ステークホルダーとどんなブランド接点（第3章）が必要か。いままでのブランド接点をどう活用するか。それらのブランド接点で、どんなブランド体験（第3章）をもたらしたら良いか。これらを言語化しましょう。

たとえば、対学生であれば、いままでは科目登録や休講の案内や就職相談くらいしか接点がなかったが、座談会やイベントなど新たな接点を設けても良いのではないか？　科目登録の手続きの際、事務的に対応するだけではなく、学生の興味関心を対話で引き出し親身なアドバイスをするなどの行動をしても良いのではないか？　対地域であれば、地域企業や地域住民が参加するコミュニティなどに参加して、地域の人たちの思いや考えを知りつつ、大学の取り組みや私たちの思いを知ってもらうのも良いのではないか？　などアイデアを出し合ってみましょう。

(6) そのために「どんな行動」「どんな能力」「どんな経験」が必要だと思うか

いよいよ総仕上げ。これまで話し合ってきた理想の状態を実現するために、自分たちはどのような行動をこれから始めれば良いか、どんな能力や経験を身につけていけば良いか。要件を言語化します。さらに、それらを部署の年度や中長期の行動計画や人材育成計画に落とし込んでいきましょう。

たとえば、学生の興味関心を対話で引き出し親身なアドバイスができるようになるためには、コーチング能力、対話能力などが必要ですし、教職員のITリテラシーを高めるには自ら新たなITツールを利用する体験も必要です。地域コミュニティに参画して存在感を出すには、自ら意見する体験や能力ももちろん、ファシリテーション能力など場を牽引するスキルがあったほうがいい。具体的に要件を定義しつつ、それらの能力や経験を、いつまでに、誰が、どのような方法で身につけるかを描き、月1回など定期的に進捗と到達度を確認しましょう。

(2)～(6)の議論は、必要に応じて行き来をします。(3)や(4)まで進んで(2)に立ち返る。こうして、ディスカッションの精度を上げていきます。また、自分たちの独り善がりな意見や提言にならないよう、ブランドワークショップの経過や成果は経営陣や関係他部署の人たちなど、第三者に見てもらいフィードバックをもらうと良いです。あなたたちの価値は、相手が決めるものですから。

5 ブランドワークショップを実施するタイミング

ブランドワークショップは基本的にいつやっても良いですし、今すぐにでも始めてほしいですが、とはいえやりやすいタイミング、盛り上がりやすい時期をとらえて実施したほうが参加者の腹落ち度も高まり良い成果につながるでしょう。私が推奨する、ブランドワークショップの実施タイミングは5つです。

(1) 事業年度の始まり

3月決算の企業組織であれば4月や5月など、事業年度の始まりは新たな事業計画を立てたり、部門キックオフをするのにふさわしいタイミングです。そのタイミングにあわせてブランドワークショップを実施してみましょう。

(2) 事業年度の終わり

2月3月等、事業年度の終わりに実施する方法。これまでの活動を振り返りつつ、新年度の立ち上がりをスムーズにするために「いまのうちに」行動計画を立てておくのは前向きであり得策です。

(3) 翌年度の予算策定のタイミング

翌年度の予算申請やそのための予算案を策定するタイミングで実施。ブランドワークショップを通じて、翌年度にやりたいこと、そのために必要な能力が見えてきます。その行動計画や要件にあわせて必要な予算もここで明確にできれば一石二鳥。来年度は外部のファシリテーターや専門家にも参画してもらいたい。そのための予算確保もこの時期に併せて行います。次年度の活動を具体化しつつ、翌年度すぐ行動できる組織は強いです。

(4) 新しい部署やプロジェクトの発足(キックオフ)のタイミング

新設部署や新たに立ち上がったプロジェクトのチームビルディングと活動計画策定のために、発足時のキックオフでブランドワークショップを行うアプローチ。この後、ヤマハ株式会社の事例も紹介します。参考にしてみてください。ワーケーションなど、普段とは景色を変えてオープンかつカジュアルな雰囲気で実施するのも良いでしょう。

(5) 新メンバー着任後

異動者、転職者など新たなメンバーが加わったタイミングで、メンバー同士の相互理解とオンボーディング（新たなメンバーが組織に定着するための取り組み）も兼ねて実施するのも効果的です。

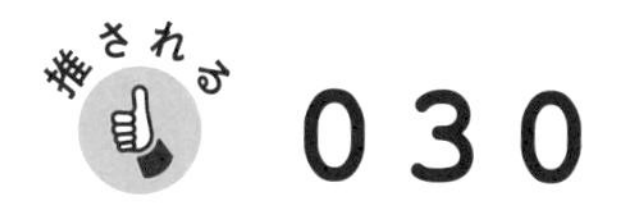

030 ブランドワークショップの具体的な事例

実際に私がブランドワークショップを伴走した事例を紹介します。

ヤマハ株式会社（静岡県浜松市）の二つの部署、研究開発統括部 第1研究開発部 感性計測グループ（以下「感性計測G」）と、コーポレート・マーケティング部 リテンション企画推進グループ（以下「RPG」）それぞれで2021年の12月から2022年3月と、2023年1月から3月の間に4回ずつ（計8回）のブランドワークショップを実施。グループの提供価値とありたい姿の言語化、メンバー同士のビジョンニングを行いました。ここでは、2021年～2022年にかけて行ったブランドワークショップの概要を紹介します。

▼ブランドワークショップの事例：ヤマハ株式会社

（研究開発統括部　第1研究開発部　感性計測グループ／コーポレート・マーケティング部 リテンション企画推進グループ）

1 感性計測Gの課題と取り組みの方向性

ヤマハは長い歴史の中で、お客様の声に触れ、ともに体験を積み重ねてきました。これらの経験により培った音・音楽の感じ方や嗜好、価値観に関する深い洞察ーすなわち「感性の知」は、他社にない強みであり、ヤマハの強力な差別化要因と考えています。我々は感性計測技術によって、この「感性の知」の組織的な活用をめざしています。
(https://www.yamaha.com/ja/about/research/technologies/kansei/)

感性計測Gには2023年4月1日現在、マネージャーを含む17名のメンバーが所属し、感性の研究と製品やサービスの企画・開発・生産における技術活用、および社内外への技術発信に取り組んでいます。

2021年11月時点で、感性計測Gはヤマハ社内の各事業部への技術展開に注力していました。しかし現場に技術が定着しないケースが一部発生しており、その原因は感性計測Gから事業部への一方的な技術提供にあると考えました。

＜論点1＞
事業部との協業において、真の目的や本質的な課題をいかに定義すべきか
＜論点2＞
事業部で感性計測技術を十分に活用するために、技術そのもの以外に何を提供すべきか
＜論点3＞
新しい技術である感性計測技術に対して、いかに十分な信頼を獲得するか

これらの課題を解決するため、感性計測Gは各事業部との共創関係強化を基本コンセプトに「共に協業の目的や課題を定義する（感性計測Gが事業部に近づく）」「事業部技術者教育の仕組み化（事業部が感性計測Gに近づく）」「感性計測Gと事業部が共に発信する」の3つの取り組

みに力を入れようとしていました。その一環として、これらの取り組みを支援する「共創関係促進役」を設置することになりました。

感性計測技術の理解浸透を図りつつ、事業部の技術者に伴走しながら課題解決を支援する人。その役割定義を行いたい。そこがスタート地点でした。

とはいえ、ただ促進役を立てただけではうまくいきません。誰に、何を伝えていきたいか。その結果相手にどのような変化をもたらしたいか。グループ内でこれらの景色があっていなければ、意義ある活動計画を作ることはできないですし、その活動が不発に終わってしまう可能性もあります。

そもそも促進役とは何をする人か。それ以前に、感性計測Gは誰に、どんな価値を提供したい人で、誰とどのような接点（ブランド接点）を作り、どのようなコミュニケーションを行い、その結果相手にどのような行動をして欲しいのか。それらを言語化、およびグループ内で景色合わせすることになりました。

2 RPGの課題と取り組みの方向性

RPGはヤマハ株式会社のコーポレート・マーケティング部に2022年4月1日に発足した組織であり、2023年4月1日現在ではマネージャーを含む17名のうち、4名が顧客調査をテーマに活動しています。RPGでは顧客調査を以下のように定義しています。

「顧客調査」とは、お客様の価値観を知ること。
そのために適切な調査計画を立て、インタビューやアンケート等の手法を用いてデータを収集し、考察し、言語化すること。

「新組織発足にあたり、顧客調査テーマ推進のための課題を整理しメンバー間で共通認識化したい」

私はこのようなご相談をいただきました。課題と目指す方向を明確にしたい。とりわけ新設の部署や、兼任で運営されている部署などに多いお悩みです。皆、なんとなく課題をイメージできるものの、ふわっとしていて言葉にできない。皆が思っている課題感が異なる。よって活動の足並みや方向性が揃わない。これはなるべく早期に解決しておきたいもの。

RPGはバックグラウンドの異なるメンバーが集結し、それぞれ視点・考え方・課題認識が異なるため、意識を合わせてテーマを推進できるようになりたいと考えていました。

グループの課題と方向性について、メンバーの思っていることや体験を景色合わせし、共通認識を持つ。それが今回のブランドワークショップを実施した背景です。

今回のブランドワークショップを通じて、答えやヒントを得たかった論点は以下の通りです。

<論点1>
ヤマハにおける顧客調査のあるべき姿とはどんなものか
<論点2>
RPGが果たすべき役割や、具体的にできることは何か
<論点3>
これまでのやり方で上手くいったことやいかなかったこと、効率化のために押さえるべきポイントは何か

<論点4>

中期経営計画の3か年で、何に対してどこから手を打つべきか

<論点5>

年次活動計画にどのように落とし込むか

これらの問いに答えるために、関係部署（関連する事業部など）の現状や関係性を想定するのはもちろん、RPGは何者で誰にどのような価値を出す人たちか、RPGのメンバーにはどのような知識・経験・能力があるのか、会社（経営）や事業部から何を期待されているのか、逆に何を期待されたくないのか。これらの認識をメンバー同士で擦り合わせておく必要があります。その意見交換と対話を通じて、自分たちは何者かが研ぎ澄まされ、なおかつ今後の活動計画を立てるための素材やヒントを得ることができます。

感性計測GとRPG、いずれの部署もマネージャーとメンバー、メンバー同士でこれまでもさまざまな議論を重ねてきたものの、中の人たちだけでは新たな視点や着眼点が得られにくいし、問題や課題を言語化しにくい。

外部の知見もほしい。その背景もあって私がファシリテーターとして参画し、二部署それぞれで（別個に）ブランドワークショップを行うことになりました。

3 ブランドワークショップで実施したこと

今回のブランドワークショップで実施したことは大きく3つです。

(1) ブランド講義

最初にブランドとは何かをファシリテーター（沢渡）が解説（主に本書の第1章、第2章の内容）、ブランドの考え方を全員にインストールしつつ、このワークショップがグループおよびグループが取り扱う技術や取り組みのブランドマネジメント活動である共通認識を持ちました。

(2) 現状と理想の言語化

感性計測G、RPG、それぞれ「誰に」「どう思われているか」、「誰に」「どう思われたいか」、「誰に」「何を期待したいか」、「自分たちは」「どのような役割を果たすか」などをワークショップ形式で言語化しました。

(3) 必要なモノゴトの言語化

理想の状態を実現するために「どんな行動」「どんな能力」「どんな経験」が必要か。これらをワークショップ形式で言語化しました。

ワークショップは会議室での集合形式に加え、何回かはオンライン（Microsoft Teams）で実施。ファシリテーター（沢渡）が問いを投げ込み、参加メンバーが付箋に意見やアイデアを書き出し（個人ワーク）、模造紙やホワイトボードまたはMiroなどのオンラインツールに貼り出し議論する（グループワーク）。議論し尽くせなかった課題は「宿題」とし、次の回のワークショップまでに参加メンバーのみで議論をしてもらう。これを繰り返しました。

以下は、今回のブランドワークショップのアウトプットの一例です。

ワークショップのアウトプットの一例

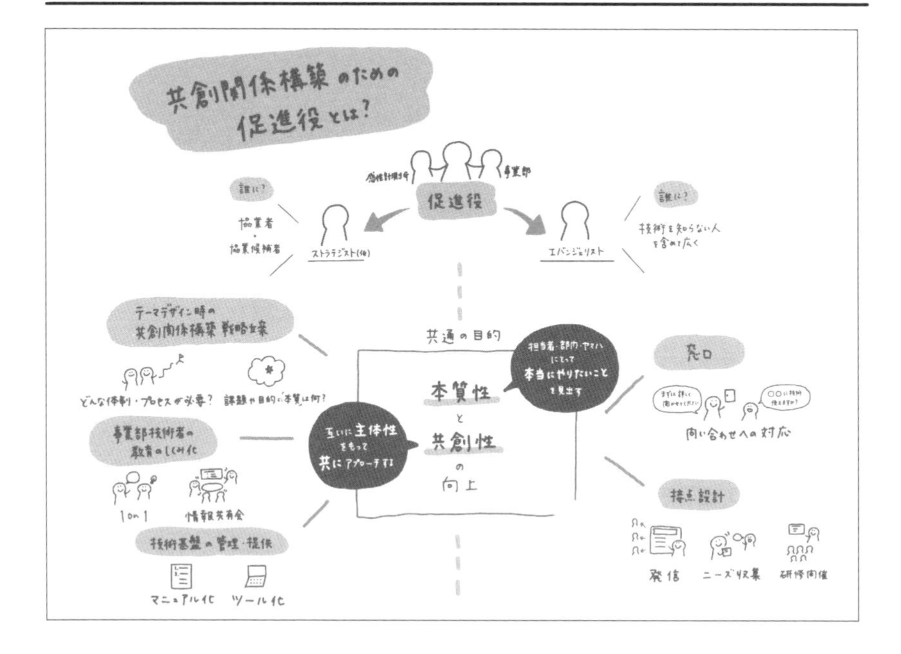

4 参加者の変化

このブランドワークショップを通じ、私は参加者に次の4つの意識の変化と行動変容を感じました。

(1) ブランドの視点でものごとを考えられるようになった

部署の強みや弱み、いままでの活動に足りていない視点をブランドの考え方でとらえられるようになった。

(2) メンバーの相互理解を図ることができた

メンバーの強みや弱み、仕事に対する期待や思い、過去の経験などをお互いに知ることができた。日々の業務の中では、なかなかお互いの考えや思いを知る機会はありません。

とはいえ、ただ漠然と「相互理解をしましょう」では何を話して良いのかわからずモヤモヤする。ただの雑談で終わってしまうこともよくあります。ブランドを共通のテーマに、グループのメンバー同士、軸を持った相互理解をすることができました。

(3) 自分たちが何者かを説明できるようになってきた

参加メンバーとファシリテーターの相互の対話を通じて、自分たちの課題や役割、「らしさ」や価値、目指す姿を言語化できるようになった。なおかつ、それらを自分の言葉で説明できるようになってきた。

(4) 自己効力感やエンゲージメントが高まった

自分たちの頭と心と手で、グループの役割や価値、目指す方向性を言葉にする。そのプロセス自体が、組織の意思決定に主体的に参画する体験です。ブランドワークショップの回を重ねるごとに、参加メンバーの仕事やグループに対する誇りや愛着、自己効力感、すなわちエンゲージメントが高まっていきました。

このブランドワークショップで、特に私が印象的に感じた参加メンバーのコメントを1つ紹介します。

「『あの兼務は楽しい』と思ってもらえるグループにしたい」

これは（グループが）「誰に」「どう思われたいか」を言語化するワークの時に、メンバーが書き出したコメントです。このグループを兼務すると、新たな体験やスキルが得られる。このグループの仕事はわくわくする。

とても清々しいイメージが、参加メンバーと私の頭の中に広がり、その後のディスカッションも明るいムードで進みました。

あの兼務は楽しい。「推されるグループ」「推される部署」そのもののイメージであり、社員にそう思ってもらえるような部署を創っていきたいですね。

5 企画推進者の声：ブランドワークショップを振り返ってみて

ブランドワークショップがどのような変化や成果に結びついたか。お二人の企画者の声を聞いてみましょう。

▼藤原舞氏　ヤマハ株式会社　研究開発統括部　第1研究開発部　感性計測グループ

感性計測グループのメンバーは、皆それぞれの技術や強みがあり、そしてビジョンも持っています。私はそのようなメンバー個々の良さを活かしつつ、同じゴールに向かって進んでいくにはどうしたら良いか悩んでいました。今回のワークショップで、事業部展開促進のビジョンや目指す姿の認識合わせができました。メンバーをルールで統制するのではなく、ビジョンベースで共感し、個々の特性を発揮しながら活動を進める基盤ができたと考えています。また、ワークショップを通じて、事業部展開促進のプロセスを言語化することができました。すると、「○○が上手くいかないのは、このフェーズに問題があるのではないか」「■■さんはこのフェーズが上手。皆がやれるようになるにはどうしたらいいか」。このように、プロセスが相互理解と対話のためのツールとなり、仕事の進め方が個人依存ではなく、チームで改善ができるようになったと思います。

本活動は感性計測G単独ではじめましたが、今後研究部門全体にも広がることを期待しています。私たち研究部門はこれまで技術開発に注力してきましたが、この活動を通じて技術を社内外に展開するための仕組みも構築すべきだと強く感じました。社内外のニーズや課題に対して自分達がどうありたいのか、技術を通してどんな価値を提供したいのか、それを個人依存ではなく組織で実現するにはどのような機能が必要か。今回の取り組みは、技術への認知を高めたり理解者を増やすための、大きな一歩だと思います。ゆくゆく、当社のみならず、全国の企業組織の研究部門の意識変革や行動変容につながっていったら嬉しいです。

ヤマハ株式会社　感性計測グループの皆さん

▼稲岡紋子氏　ヤマハ株式会社　コーポレート・マーケティング部 リテンション企画推進グループ

このワークショップを通じて私たちは、「対話」を繰り返すことで1人では決してたどり着けない、想像もしえなかったような霧の晴れる瞬間がやってくること、そしてメンバーの相乗効果によって「納得解」が見出せることを実感しました。

多様な背景を共有し、それぞれが抱くビジョンやモチベーション、目指したい姿への理解を深めたこと。それを土台に皆でフラットに対話をし、アイディアを出し合い、嵐を経ながらも解を探究し続けたこと。「チームで考えた方が絶対にいいものを生み出せる」という確信を得たことは、その後テーマを推進する上での強力なドライバーになっていると感じます。

RPGは新設部署ながら、過去を継承した取り組みも一部行っており、新旧の融合が課題でもありました。新たな視点で議論できるのは良い側面もありながら、同じ失敗を繰り返したり、いわゆる「車輪の再開発」(既におこなわれた議論や仕組みづくりを、またゼロから始めてしまう行為）に陥ってしまう懸念もありました。その課題に対して、ワークショップを通じて「過去に学びながら新たな発想で展開する」という、新旧それぞれのよさを取り込んだアプローチができたと考えています。

新たに加わったメンバーから「仕事が楽しい！」という声を聴くことができ、そんなチームづくりができたことに、心から喜びを感じています。

私たちはこのワークショップを起点に、新たに「ナレッジマネジメント」という軸を据えて、社内外との協業によるテーマ推進をはじめました。この小さな一歩も、お客様一人ひとりの幸せ、世界中の人々のこころ豊かな暮らし、そして音楽文化の発展につながっていくと信じて、これからもチームで邁進していきます。

ヤマハ株式会社　リテンション企画推進グループのブランドワークショップの様子

ワークショップを始めた当初よりも、ひときわ明るい笑顔で変化を振り返る藤原氏と稲岡氏。この変化の輪をどう社内に広げていくか。チャレンジの旅は続きます。

第7章

「推される部署」が組織と個と社会にもたらす効果

健全な組織のバリューサイクル

ここまで「推される部署」をどう育んでいくか、その考え方と具体的な事例を学習してきました。最終章では、あなたの部署が「推される部署」であることが、企業組織全体やそこではたらく個、ひいては社会に対してどのようなインパクトや効果をもたらすのか、さまざまなマネジメントのキーワードと紐づけて解説します。

INDEX

推される

031 「推される部署」を創るための3つの基本行動

はじめに、私が過去に伴走したある企業でのエピソードをお話しします。

「研究できる研究部門にしたい」

2016年の夏、私はある大企業の研究部門長からこのようなご相談をいただきました。その部門長曰く、研究部門なのに新しいテーマの研究活動に時間を割くことができていない。その状況をなんとかしたい。

聞けば、研究スタッフは社内説明資料の作成や、稟議など煩雑な管理間接業務に追われていて研究をする時間をとることができない。「パワーポイントの説明スライドを256ページ作成しただけで一週間が終わってしまった。何も研究活動をしていない」 そのようにこぼす研究員もいました。

この状況は会社にとっても、部署にとっても、研究員個人にとっても健康的ではありません。研究部門なのに研究できていない。よって、社内の他部署のファンが遠ざかる。たとえばこの企業の営業部門の人たちは、顧客から新たな技術のトレンドやテーマについて聞かれても「ウチの研究部門は頼りにならないです」と答えてしまう。社外の研究機関と組んで商談を進めてしまうことも。さらには役員すなわち経営陣からも期待されなくなる。研究の成果を出していないのだから当然です。研究予算も減らされる一方。ますます研究できなくなる。負のスパイラルです。

なにより研究部門のスタッフが気の毒です。研究したくてこの会社に入社したのに、この会社では研究ができない。
「ここでは研究のプロとして成長することができない」
そう思い、会社や仕事に対するエンゲージメントを下げて辞めていくか、生活するためだけに与えられた仕事を我慢して淡々とこなす人になっていく。出身大学のゼミや大学院の研究室の後輩に「ウチには来ない方がいいよ。研究できないから」と言う研究員もいたそうです。

この部門長はたいそう心を痛め「研究できる研究部門になる」、このようなゴールイメージを掲げて、まずは研究するための時間を創出する活動を始めました。その取り組みの一環で、私にお声がけいただきました。
具体的な目標設定もし、まずは現状の業務の見直しから。部門長主導のもと、研究員を集めて「どのように時間を創出するか」を話し合いました。

「この会議資料は社内向けだからパワーポイントで創らず、テキストメモベースで議論すれば良いと思う」
「この会議はオンラインで代替できると思う」
「印刷の手間や時間をなくせないか。会議の紙資料の配布をやめよう」
「部長の判断待ちの時間が無駄。課長や課長代理が意思決定できるようにしたらどうか」

私が業務改善の着眼点や手法や事例をお話ししつつ、やめる仕事、改善できる仕事を皆で洗い出して決めて実行に移します。
こうして「仕事を減らすことができる」「変えられる」実感と自己効力感を得ながら改善を進めた結果、2か月後には研究員一人あたり週3時間以上の余白を生むことができました。

余白を創出しても、そこに目先の仕事がオンされてしまっては意味がありません。いつまでたっても研究時間を創出することができない。

この部署では業務改善による余白の創出と併行して、「浮いた時間で何をするか？」の議論も始めました。具体的には何を研究するか？　そのために部門長や部課長は経営陣や営業担当や顧客との対話を重ね、研究員は世の中のトレンドを調査し、機械学習や深層学習など当時世の中の関心が高まっているテーマにアンテナを立てました。こうして新たな研究のテーマを決め、その知識や能力を身につけるために部門の予算を使って研究員持ち回りで社外のフォーラムに参加したり、外部の専門家を呼んで講演してもらったりしました。こうして、研究できる研究部門、すなわち本来価値を創出できる研究部門に生まれ変わり始めます。

本来価値創出、業務改善、育成・学習（業務改善のための育成・学習と、本来価値創出のための育成・学習）の3つの活動がサイクルとして回るようになってきたのです。

▶「推される部署」を創るための3つの基本行動

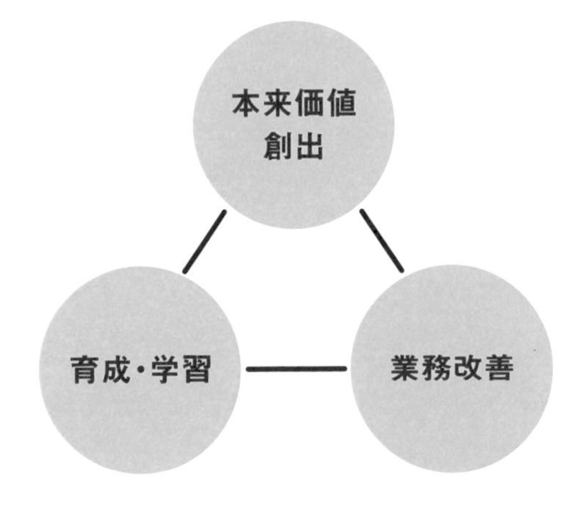

ここから社内のこの部署に対する評価が変わり始めます。営業担当者から声がかかるようになりました。顧客が深層学習について関心を示している。商談に同席してもらえないか。このようなラブコールをもらえるようになったのです。すなわち、社内の他部署が自部署のファンになってくれた。役員からの見られ方も変わり始めます。「最近、新しいテーマを研究しているんだってね」「研究員の表情が明るくなってきたね」。こうして研究部門のファンになってくれる役員が増え、研究活動のための予算もつくようになりました。

最も大きな変化は研究員のマインドです。
「ここでは研究ができる」
「大企業ゆえの堅苦しさや煩雑な業務はあるものの、少しずつ変わってきた」
「このチームなら頑張れる」
こうした自己効力感と変化の実感が、研究員の部署と仕事に対するエンゲージメントを高め、いまでは大学や大学院の後輩にいまどんな研究をしているのかを自信をもって語れるようになったそうです。この会社への入社を望む後輩も増えてきたと言います。

この研究部門は、まさに「推される部署」に変わってきたのです。「推される部署」は、多くのポジティブな変化とインパクトを組織と個と社会にもたらします。

推される 032

部署本来の価値を見直そう

「本来価値創出」「業務改善」「育成・学習」の3つの基本行動を、サイクルとして回すとはどういうことか？　具体的にかみ砕いて説明します。

本来の価値を見直す

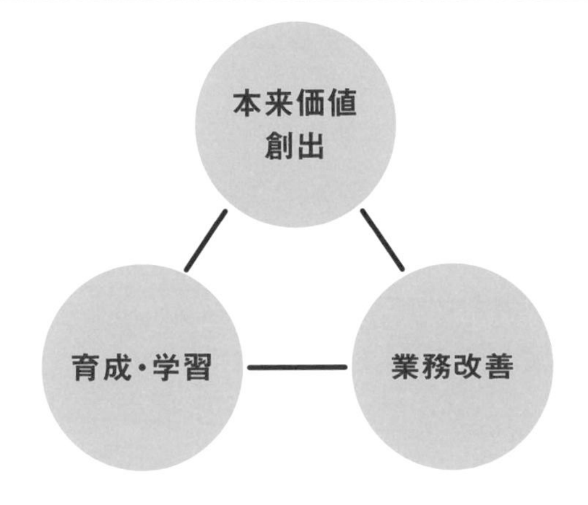

1　本来価値創出

「推される部署」はつねに本来価値を研ぎ澄ませ、「自分たちは何者か」を自問自答し自分たちの本来価値や期待役割をアップデートし続けます。経営、社内外の人たち、世の中との対話をし、「次に何に取り組むか」「どのような私たちになっていくか」を考え実践します。

2 業務改善

「推される部署」になるためには、仕事の進め方、コミュニケーションの仕方、価値の出し方などを変え続けなければなりません。

時代遅れかつ煩雑な仕事のやり方で、自分自身と相手の時間を奪う。そのような組織に余白も余力も生まれないですし、ファンを遠ざけます。

「やめることを決める」「IT技術を活用してスマートに相手とつながってコラボレーションできるようになる」

改善活動は余白と余力を生み、他者と対話しつつ自部署の新たな期待役割を言語化し、新たな価値創出をしていくための基盤です。

3 育成・学習

「推される部署」は常に自らをアップデートし価値を提供し続けます。そのためには育成・学習が欠かせません。

業務を改善するための育成・学習、新たなテーマを学ぶための育成・学習、ITを活用したコミュニケーションやチームビルディング、組織を超えて多様な人たちと越境して成果を出すためのマネジメントやスキルなどを身につけるための育成・学習、いずれも「推される部署」であり続けるためのエンジンです。

最近、新たな能力や技術やマインドセットを身につけるための「リスキリング」(学び直し) が注目されています。リスキリングは個人のキャリア形成のためのみならず、組織全体がアップデートし続けるための基本行動でもあるのです。

推される

033

発信と受信を積極的に行おう

あなたの部署がどんなに素晴らしい方針を掲げていても、どんなに素晴らしい取り組みをしていても、知られていなければファンを創ることはできません。また、自分たちに何を期待されているか、自分たちの目指す方向が適切かを知るためには、外からのインプットやフィードバックも不可欠。発信と受信を組織の習慣にしましょう。

▶外部と積極的に交流する

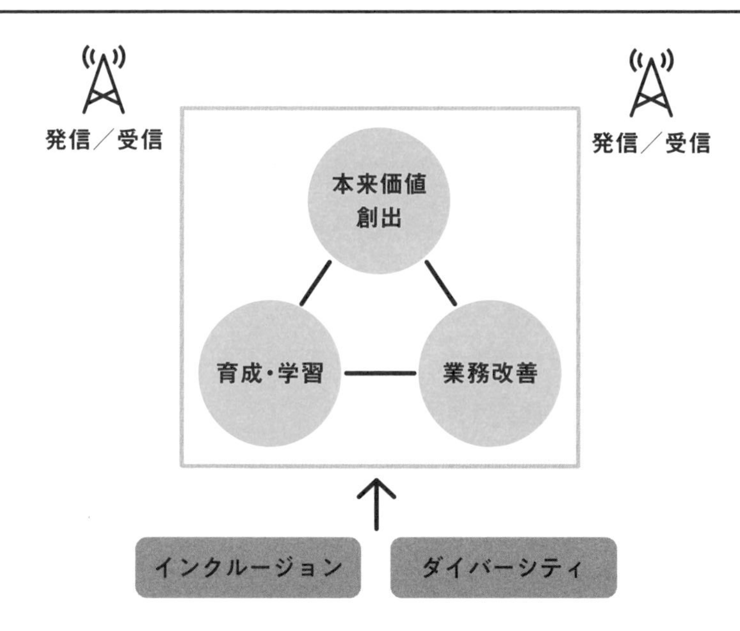

4 ダイバーシティ&インクルージョン

「推される部署」は、今までにない視点も積極的に内に取り入れ自らをアップデートし続けます。多様な視点や経験を取り入れる。それはダイバーシティ&インクルージョンそのものです。

少子高齢化により労働力の確保が難しくなってきた時代、さまざまなバックグラウンドを持つ人が自組織や自部署に参画するハードルを下げる取り組みも大変重要です。とりわけ、その部署のミッション・ビジョン・バリューに共感する人、能力・意欲を持った人は部署単位であっても積極的に受け入れていきましょう。

これからの時代、フルタイムかつ事業所に通勤可能な人だけにこだわっていては、事業運営はもちろん新たな価値創造は難しいでしょう。その意味でもテレワークやリモートワークのような場所や時間の自由度を高めるはたらき方を、部署単位でも率先して実践して欲しいですし、そのための能力向上、業務プロセス改善、環境整備に企業組織は積極的に投資すべきでしょう。

複業やパラレルキャリアを実践する人や組織も増えてきました。収入源を増やすのみならず、キャリア自律のために複数の組織に所属してはたらく人もいます。複業やパラレルキャリアが普及すればこそ、一社や一組織の事情だけで社員に原則出社を強いるなどは複業先である他社での活動を制約し得ることを、私たちは強く認識したほうが良いでしょう。「自社さえ良ければ良い」独り善がりな企業姿勢は、ブランド面でも長い目でマイナスに作用します。逆の見方をすれば、一社や一組織だけでその人を独り占めしない。解放がその企業や部署の社会におけるイメージを良くし、ファンを増やし得るのです。労働人口減少の時代、限られた人的リソースを社会全体でシェアするためにも、はたらき方や組織への参画の仕方のダイバーシティ&インクルージョンも進めていきましょう。独り占めは良くありません。

5 発信／受信

あなたの部署の価値は相手が決めるものです。「推される部署」であるためには、自部署のミッション・ビジョン・バリューなどの理念や思い、重点課題やテーマ、取り組み、チームやメンバーの変化や成果などをオープンに発信していきましょう。さらに3方向の対話〜経営との対話、現場（メンバー）との対話、社会との対話による受信を増やし、「自部署や自職種がどう思われているか」「どう思われたいか」ひいては「自分たちは何者か」を研ぎ澄ませます。デジタルとアナログ、双方のコミュニケーション手段と機会を駆使して発信と受信のサイクルを回しましょう。発信と受信は推される部署を創るための、ひいてはブランドマネジメントの根幹をなすと言っても過言ではありません。

▶発信と受信を積極的に行っていく

発信したい内容

・ミッション・ビジョン・バリュー
・重点課題、テーマ、取り組み
・チームやメンバーの姿や変化

受信したい内容

・経営陣の自部署への期待や印象
・メンバーの自部署への期待や印象。解決したい課題、チャレンジしたいこと
・社外の人たちの自社や自部署への期待や印象。業界や職種のトレンドなど

推される

034

部署やメンバーの変化や成長を言語化しよう

「この部署では、自分は成長できる」「この部署の人たちとご一緒すると、新たな発見がある」成長実感は部署のファンを創出するための要。そして成長実感は、変化や成長の言語化と共感から育まれます。

成長を確認する

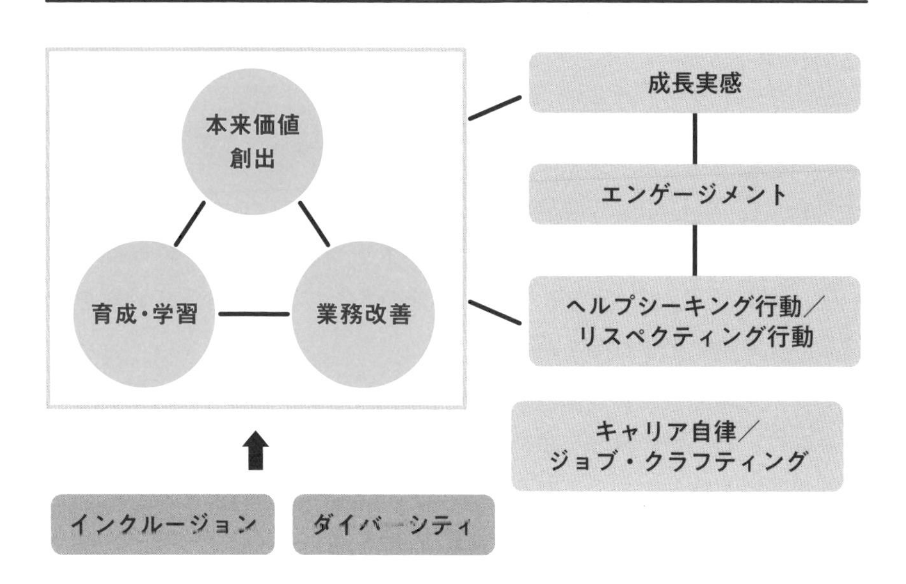

6 成長実感

前述した大企業の研究部門のストーリーからもわかるように、「推される部署」はメンバーの成長実感や自己効力感を高めます。成長実感を持つのはその部署のメンバーだけではありません。あなたの部署に関わる他部署のメンバー、お取引先、顧客、社会の人たちも含まれます。その成長実感が、あなたの部署のファンを増やします。

7 エンゲージメント

このような成長実感や自己効力感は、関わる人たちのその部署や仕事に対する自信、誇り、愛着、ロイヤリティなどを高めます。すなわちエンゲージメント向上に大きく寄与するのです。

8 ヘルプシーキング行動／リスペクティング行動

ヘルプシーキングとは、チームのマネージャーやリーダーとメンバー、およびメンバー同士、ときに外部の人たちと助け合って課題を解決したり成果を出す行動を言います。

さまざまな立場の人と協力して（ヘルプシーキングして）成果を出すためには、お互いの特性や事情を理解し、認め合い、リスペクトしあう行動が必要不可欠です。これをリスペクティング行動と言います。

指示命令ベースの上下関係や下請け関係を脱し、フラットなコミュニケーションとコラボレーションができる部署や個になるためにも、ヘルプシーキング行動とリスペクティング行動を組織全員で身につけていきましょう。

ヘルプシーキング行動は小田木朝子さんの著書『仕事は自分ひとりでやらない』（フォレスト出版）、リスペクティング行動は私の著書『悪気のないその一言が、職場の一体感を奪っている　心地よく仕事するための真・常識「リスペクティング行動」』（日本能率協会マネジメントセンター）を参照してください。

9　キャリア自律／ジョブ・クラフティング

人生100年時代において、自分自身をアップデートしながら自らのキャリアを主体的に構築する「キャリア自律」が求められるようになってきました。「ジョブ・クラフティング」とは個が仕事に対する認知や行動を主体的に高め、自分ごと化して成果を発揮する行為です。「やらされ感」から脱却し、仕事を自分のものにしている人はファンを増やし、良いチャンスに出会う機会を増やし、良いキャリア形成をします。

主体的に学び、主体的にチャンスを得て、主体的にパフォーマンスを発揮し、主体的に自らのキャリアストーリーを紡いでいく。そのためにも「自分が何者であるか」の自己説明能力を高めていく必要があります。ところが「自分たちが何者か」を説明できない部署、時代遅れの仕事のやり方に固執しプレゼンスの上がらない部署に身を置いてしまうと、悪気なく自分が何者か説明できなくなる。その結果、どこにも行けない人たちになってしまいます。

「推される部署」であることは、そこではたらく個のキャリア自律を後押しする取り組みでもあるのです。

推される

035

仲間たちと組織を変えていこう

「言いなりになる人」ではなく「良い仲間」が良い部署を創り、良い組織を創ります。「良い仲間」と出会うためにはどうしたら良いか？　採用と共創（コラボレーション）の観点で、いままでのあたりまえを見直してみましょう。

▶ 仲間と組織を変えていく

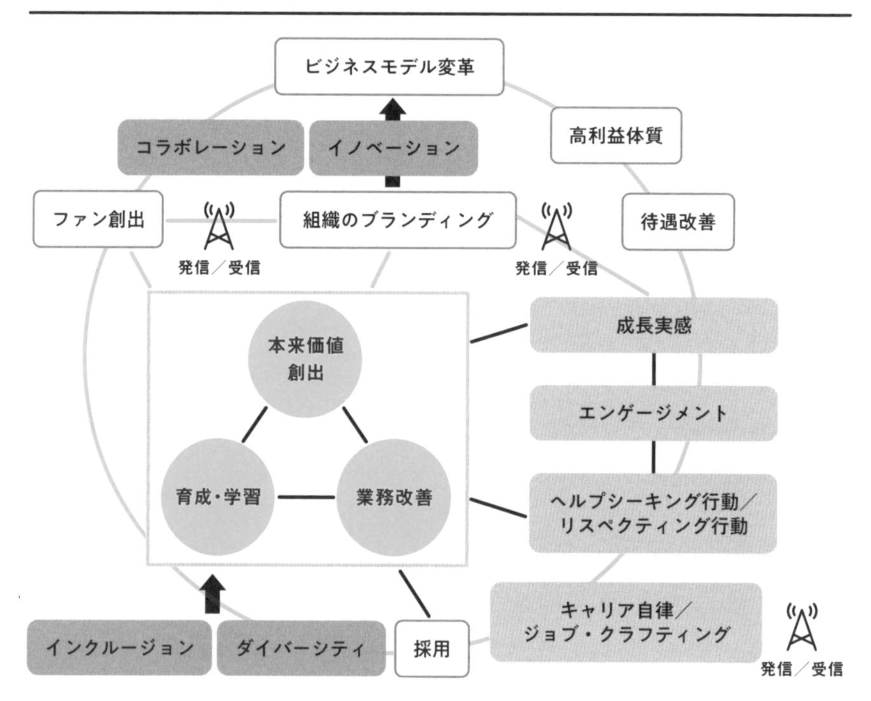

10 採用

「推される部署」はメンバーの口コミや外からの評判などを経て、自部署に関心を持ってくれる人を増やします。能力や意欲を持った人と出会うチャンスが増える。すなわち、採用面でも優位にはたらきます。

11 コラボレーション

「推される部署」は良き理解者、良き協力者、すなわちファンを増やします。上下関係や一方的な同調圧力ではなく、他者とフラットにコラボレーションをして幸せかつ健全な課題解決や価値創造ができる組織になります。

12 イノベーション

イノベーションとは、複数のものごとの掛け合わせによって既存の問題や課題を解決したり、新たな価値を創造する所作を言います。イノベーションできる組織や個であるためには、他者とコラボレーションをする能力やプロセスが求められます。そして他者とコラボレーションするためには自分たちが何者か自信を持って説明できる、「推される部署」でなくてはなりません。

13 ビジネスモデル変革

ビジネスモデル変革は、企業のみならず官公庁や地域などあらゆる組織体の経営課題と言っても良いでしょう。従来の稼ぎ方、雇用の仕方、社会とのつながり方だけでは答えを出せない時代になりつつあります。

新たな「勝ちパターン」を創出する。そのためにも、部署単位でも仕事のやり方、コミュニケーションの仕方、他者との関わり方を変えていきましょう。

14 高利益体質

ビジネスモデル変革ができる組織は、高利益体質に変化していきます。利益を源泉に、より大きな投資やチャレンジをしていくことができる。こうして組織も個も成長し続けることができます。

とはいえ全社でいきなり高利益体質に変わるのは難しいかもしれません。しかし、部署単位であればやりやすいかもしれない。あなたの半径5m以内から新たな稼ぎ方、はたらき方などの「勝ちパターン」の小さな成功事例をつくり、それを全社展開していく。その風穴を開けるためにも「推される部署」をまず創っていきましょう。

15 待遇改善

組織が高利益体質になり待遇が改善されれば、はたらく人たち、関わる人たちのエンゲージメントも高まり、人材の定着や採用にも優位にはたらきます。

推される 036

DXはバリューサイクルを回すためのエンジン

部署の価値を研ぎ澄ませ、さまざまな人たちとつながり（共創・コラボレーションし）、新たな成果を出す。そのために、デジタル技術やツールの活用は避けて通ることができません。デジタルを活用して他者との関係性、つながり方、成果の出し方を変える。DX（デジタルトランスフォーメーション）をバリューサイクルの視点で意味づけしてみましょう。

自らの価値を高める

- 広報、IR
- CSR/CSV/SDGs
- 生産性（勝ちパターン）
- ユーザーエクスペリエンス
- インターナルコミュニケーション

16 広報、IR

広報活動は「推される部署」を創るための要。広報組織と連携し、部署の発信と受信を強化しましょう。お金の面で自組織や自部署の運営をサポートしてくれるファンを増やすには、いわゆるIR（Investors Relation）も重要です。広報マインドは広報部門のみならず、あらゆる部署のマネージャーやリーダーに持っておいて欲しい資質であり能力です。

また、世の中のファンを増やす企業広報活動やIR活動を展開するためにも、広報担当者やIR担当者はブランドの知識と感覚を兼ね備えておきたいです。

17 CSR/CSV/SDGs

CSRとはCorporate Social Responsibilityの略で企業の社会的責任を示す言葉、CSVはCreating Shared Valueの略で共通価値の創造の略称です。

本来価値を研ぎ澄ませ、自組織や自部署のステークホルダーと気持ち良く連携し、課題解決や価値創造ができる人たちは、社会における提供価値も大きいです。

18 生産性(勝ちパターン)

「推される部署」は自分たちの本来価値は何かを常に追求し仕事のやり方をアップデート〜生産性、集中力、専門性を高めていきます。悪気なく皆で仲良く負けパターンで仕事していませんか？

過去からの同調圧力でもって、本来発揮できる能力や意欲を無力化していませんか？　いままでのあたりまえを疑い、プロとして本来価値創出にフルコミットできるよう、すなわち「勝ちパターン」を実践できるようになっていきましょう。そのためにも、さまざまなはたらき方やコミュニケーションの仕方を体感してみましょう。

19 ユーザエクスペリエンス

「推される部署」は中の人たちすなわちメンバーと、外の人たちすなわちブランドステークホルダーに良い仕事の体験や成長体験をもたらします。いわゆる良いユーザエクスペリエンスを提供する。

そのユーザエクスペリエンスが「またこの人たちと仕事をしたい」「いつかこの人たちと仕事をしたい」感情を相手にもたらし、ファンを増やすのです。

20 インターナルコミュニケーション

「推される部署」であるためにはメンバーや社内の人たちとの中のコミュニケーション、すなわちインターナルコミュニケーションが不可欠。良きインターナルコミュニケーションは、やがて外にも良い評判や影響をもたらします。

インターナルコミュニケーションとエクスターナルコミュニケーションは同一延長線上にあるのです。

21 DX

これらの課題を、デジタル技術の力を借りて立体的に解決する所作をDX（Digital Transformation）と言います。DXはただ単にITツールを導入しただけ、IT技術者を増やしただけ、メンバーのITリテラシーを高めただけではうまくいきません。各々が「自分たちは何者か」「自分たちはどうありたいか」「自分たちはどうなっていくべきか」を研ぎ澄ませ、さまざまなステークホルダーとつながって組織全体のあり方や「勝ちパターン」を見直していく。その中で、自分たちの役割を見直しアップデートしていく変革行動を伴います。AIなどIT技術に取って変わられる仕事は、喜んでITに差し出す。次に取り組むテーマを決め、新たな役割を果たすべく進化する。DXと「推される部署」であるための行為、すなわちブランドマネジメントは表裏一体の関係にあります。

これらの課題を立体的かつ継続的に解決し続けるサイクルを私は「健

全な組織のバリューサイクル」と呼び、組織単位、部署単位での啓蒙や育成に力を入れています。

▶健全な組織のバリューサイクル

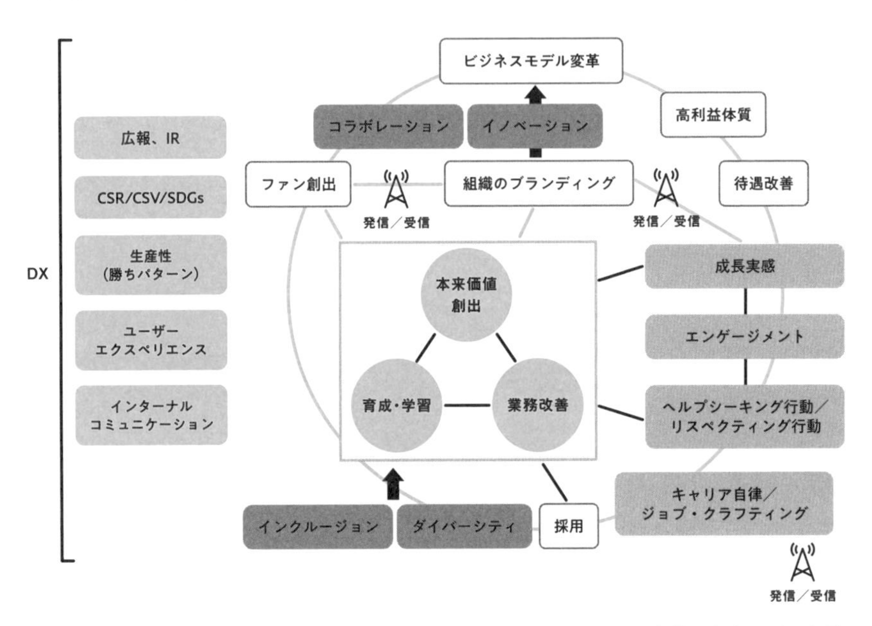

このサイクルを回すことのできる組織はこれからの時代間違いなく強いです。そして、このサイクルの中核をなすのが本書で学んできたブランディング、すなわちブランドマネジメントなのです。

健全な組織のバリューサイクルは経営陣だけで回せるものでも、一個人や一部署だけで回せるものでもありません。すべてのステークホルダーが変わっていく必要があります。

経営、社内各部署、個人、ひいては社会全体が自分たちの半径5m以内から、できるところから取り組んでいく。さらには、部署間や組織間の越境とコラボレーションによって一つずつ課題を解決していく。その連鎖で成し遂げられるものだと私は確信しています。経営または経営企画や人事部門はこのサイクル全体を回すための意識付けと能力開発に力を注いでほしいですし、各部署は本来価値創出、業務改善、育成・学習のサイクルを小さく回すところから始めてほしいと思います。その積み重ねがあなたの部署を「推される部署」に変え、さらには「推される部署」が組織と社会を変革する連鎖とうねりを創ります。

私が主催を務めている『組織変革Lab』（オンラインの企業間越境学習プログラム）でも、上記のキーワードを一つひとつ解説および意味づけしながら、健全な組織のバリューサイクルを回す部署と組織に変わっていくためのディスカッションと学習を毎月実施しています。健全な組織のバリューサイクルを回すことのできる組織や部署になりたい。そのためのファシリテーターを育てたい。その思いをお持ちの方は、是非ご参加ください。一緒に変わりましょう。

とりわけコーポレートと呼ばれる、本社組織や管理部門のアップデート（すなわち「推される部署」化）と相互連携は、日本の企業組織、いや日本社会全体の変革を進める上できわめて重要だと私は考えます。

最後に私が理想とするコーポレート組織のあり方のイメージを人気アニメの名シーンになぞって示します。バックキャスティングの発想で、各々の部署がどう変わっていったら良いか考えてみてください。

情シスがコラボしやすいIT環境を整えてくれた
経理がペーパーレスとスピードあるワークフローを
総務人事はかつて拗らせと。ほっほ、のちにオープンなワーキング環境と制度を
広報が社外のファンを
経営陣が叫んできた変革の土台の上にこれだけのものが加わった
それが〇〇だ（〇〇には皆さんの勤務先の名前を入れてください）

この章のまとめ

- 「推される部署」を創るための取り組みは、企業組織、個、社会それぞれにさまざまな良い効果をもたらす
- まずはあなたの部署からすなわち半径5m以内から、本来価値創出、業務改善、育成・学習から始めよう
- 「健全な組織のバリューサイクル」を回すことのできる組織は強い。それは「推される部署」の取り組みから生まれる
- 「健全な組織のバリューサイクル」の中核はブランディング、すなわちブランドマネジメントであり「推される部署」を創る所作である

⇒組織単位、部署単位でブランドマネジメントを実践しよう！　その積み重ねが社会を変える

終章

ブランドマネジメントは、私たちの未来を育むエンジン

推される 037

ブランドマネジメントが起こすイノベーション

「ブランドマネジメントをテーマにした本を書きたい」
「部署やチーム単位のブランドマネジメントを啓蒙していきたい」

私の長年の思いが叶い、この度ようやく形にすることができました。

本書でお話ししてきた通り、ブランドマネジメントはこれからの時代の組織運営の要です。全社組織はもちろん、部署やチーム、ひいてはそこではたらく個々のビジネスパーソンが他者と共創しながら課題解決や価値創造をするための基盤と言っても過言ではありません。それなのに、「ブランド」と言うとどうも他人事に思われてしまい関心を示されない。マーケティング部門や広報部門、広告代理店だけが取り組めば良いテーマだと思われてしまう。私はそこに、大いなるもどかしさを感じていました。今回「推される部署」を創る観点で、部署やチームのブランドマネジメントをお話しすることができ心から嬉しく思います。

ブランドマネジメントの要点は本文でたっぷり示しました。最後に、別の角度でブランドマネジメントを意味づけしたいと思います。

成果と変化の4象限

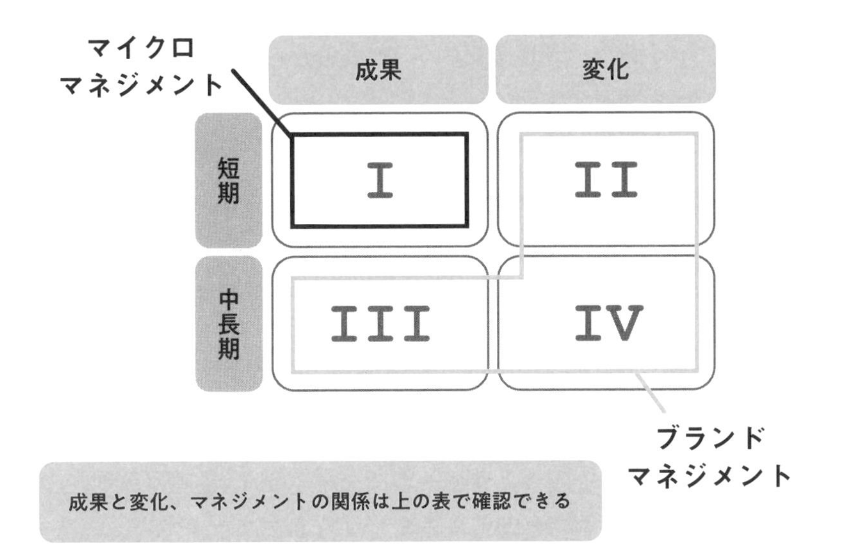

成果と変化、マネジメントの関係は上の表で確認できる

この図をご覧ください。別著『コミュニケーションの問題地図』にも登場させた図です。縦軸には時間軸で短期と中長期を、横軸には成果と変化を置いた4象限のマトリクス。いま日本の組織の多くが第I象限だけを追い求めてしまっている。短期的なKPIに縛られ、目に見える目先のアウトプットしか評価されず、心の余裕もなくなり職場環境がギスギスする。そうしてチャレンジやイノベーションがおこりにくい組織体質になってしまった。私たちは第I象限だけではなく、第II象限と第IV象限、すなわち短期や中長期の変化を評価し、自分たち「らしさ」を研ぎ澄ませて育み、トライ&ラーンを積み重ねながら未来の成果（第III象限）を創っていく。その営みを繰り返していく必要があるのではないでしょうか。

第Ⅰ象限だけを追い求める仕事の進め方、言わば今までの決められたやり方に沿って目先の成果だけを出させるマネジメントを、マイクロマネジメントと言います。第Ⅱ象限、第Ⅲ象限から第Ⅳ象限の成果を時間をかけて生んでいくマネジメントが、ブランドマネジメントです。先日この図を描きつつ、スタートアップ企業の執行役員CAO（Chief Acceleration Officer）であり、伊豆市CIO補佐官である中村祥子さんと当社の三ヶ日ワーケーションオフィスで浜名湖を眺めながらそのような対話と意味づけをしました（この対話自体が、中長期の変化を生む活動だったのかもしれません）。

目先の成果しか評価されない組織が、意欲ある人、チャレンジしたい人のハートをつかみ続けることができるでしょうか？ 新規事業創造やイノベーションを起こすことができるでしょうか？　そうでなくても、長く関わりたい組織であり続けられるでしょうか？

近視眼的な組織は、個々が活力を失うどころか組織そのものが「らしさ」を失い、仕事がいわゆるコモディティ化し、他と差別化できない「カオナシ」になってしまいます。近視眼的になりすぎた組織や社会を見直すためにも、私たちそれぞれの半径5m以内から、私たちの所属する部署やチームから、「らしさ」を取り戻していきましょう。自分たちの仕事を明るく楽しくしていきましょう。目先だけではなく、未来の絵姿を描き「らしさ」を体現しながら組織や仕事のファンを増やしていく。そのためのエンジンがブランドマネジメントなのです。

ちょうどこのあとがきを執筆中に、私の顧問先のうちの一社、株式会社NOKIOO（ノキオ）で全社（社内）ブランディングセッションが開催され、私も参加しました。私はその場で「ブランディングオペレーション」なる概念をお話ししました。ブランディングオペレーションとは、社内外の人たちとの定常的なコミュニケーションや仕事の進め方、手続きなどにおいて自社らしさを体感してもらい、自社ファンを増やす行為を言います。本書でも「ブランドは細部に宿る」と強調しました。日々のオペレーションにもブランドを添える。ブランディングオペレーションの考え方が全国の組織に広まったら、私は嬉しいです。

本書もさまざまな企業や自治体の皆さまのご協力と共創により完成させることができました。本文にお名前を掲載した皆さまのほか、ヤマハ発動機の白梅広紀さん、多田隼輔さん、NOKIOOの吉田遥那さん、富士通の松本国一さんほか「やわらかデザイン」コミュニティの皆さま、そして本書の担当編集の荻上徹さんに深く感謝申し上げます。また、当社あまねキャリアのメンバーである 、眞嶋伸明さん、平野乃愛さん、松居菜津子さん、渡辺晴夏さん、おぐらともみさんには、壁打ち、アイデア出し、校正、スケジュールマネジメントなど伴走していただき、感謝し尽くせません。本当にありがとうございます。私自身、今回の書籍の取材と執筆を通じて、日本の組織に大きな手ごたえと可能性を感じました。

イチ個人、イチ部署、イチ組織でできることは限られています。部署を超え、会社組織を超え、業界や地域をも超えて他者とつながり感動創造できる組織と人は間違いなく強い。越境体質、共創体質に進化するためにも、ブランドマネジメントを実践していきましょう！

2023年7月末　浜名湖佐久米
～本を読もう 沢渡あまね駅の木造駅舎のベンチで佇みながら

沢渡 あまね

付録　本書に登場した図版

本書に登場したおもな図版を集めました。内容を確認しておさらいしておきましょう。

▶ VUCAの時代とは

P.25

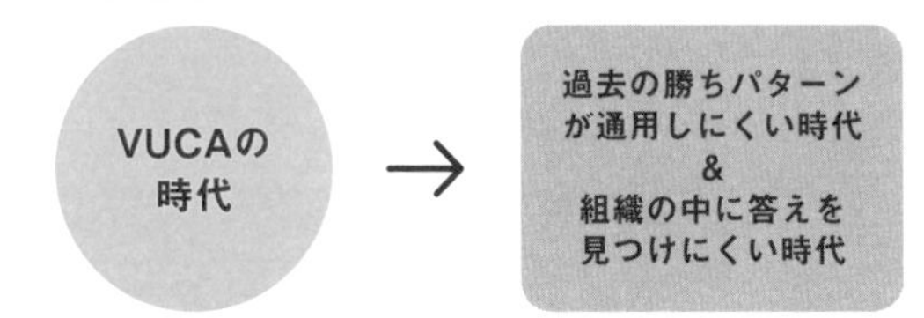

図：過去の勝ちパターンが通用しにくい時代に入っている

▶ コラボレーション、イノベーションは掛け算で成り立っている

P.32

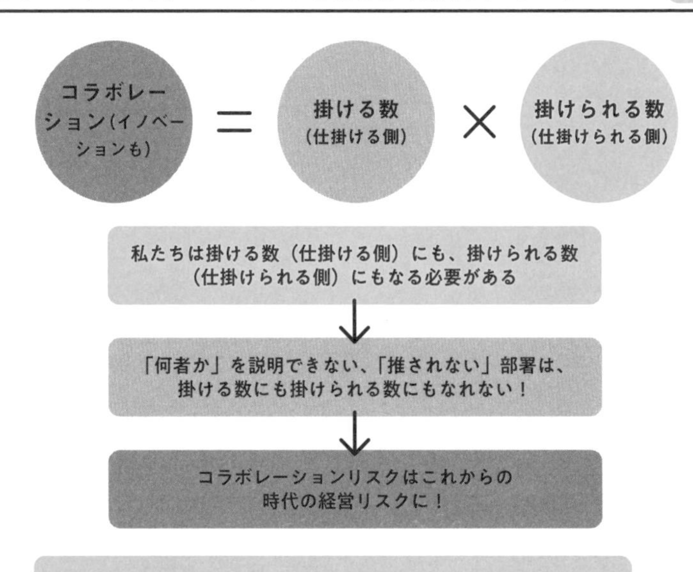

図：コラボレーション能力の有無は組織としての大きな経営リスクにつながる

ブランドの三要素

P.62

Trust
信頼できる存在であること

Special
特別な存在であること

Familiar
親しみやすい存在であること

ブランドは6者に価値を提供する：ブランドステークホルダー

P.69

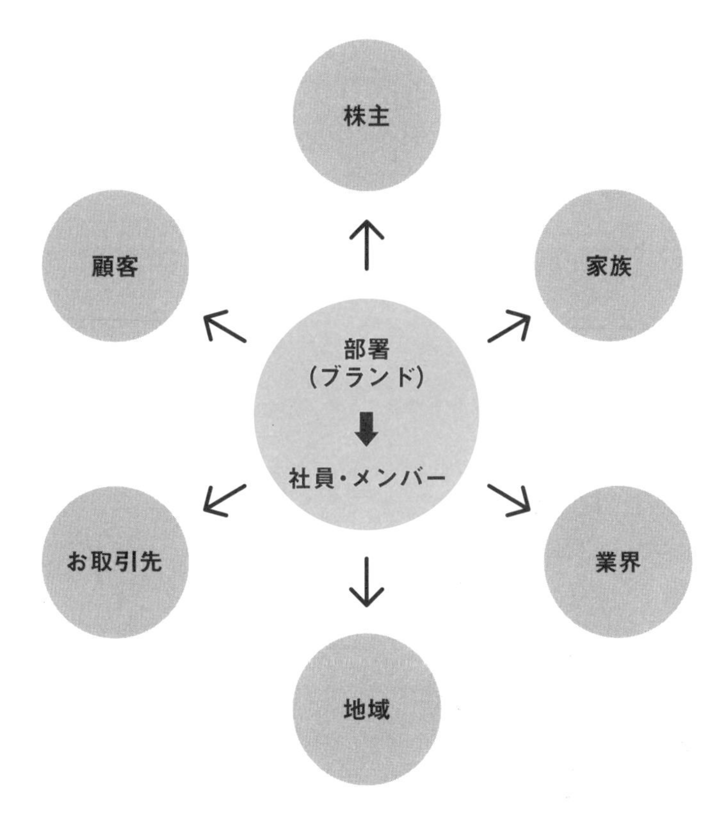

ブランディング活動6分類

P.78

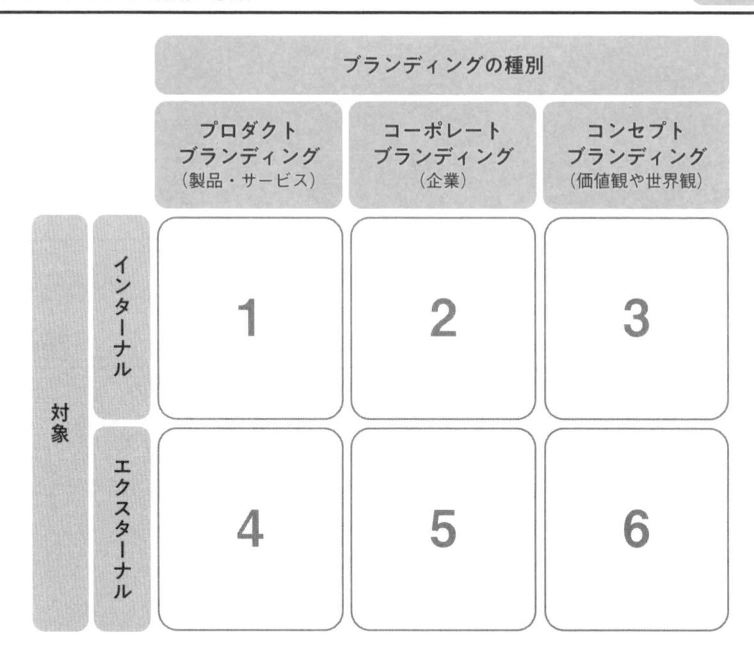

ブランド接点

P.86

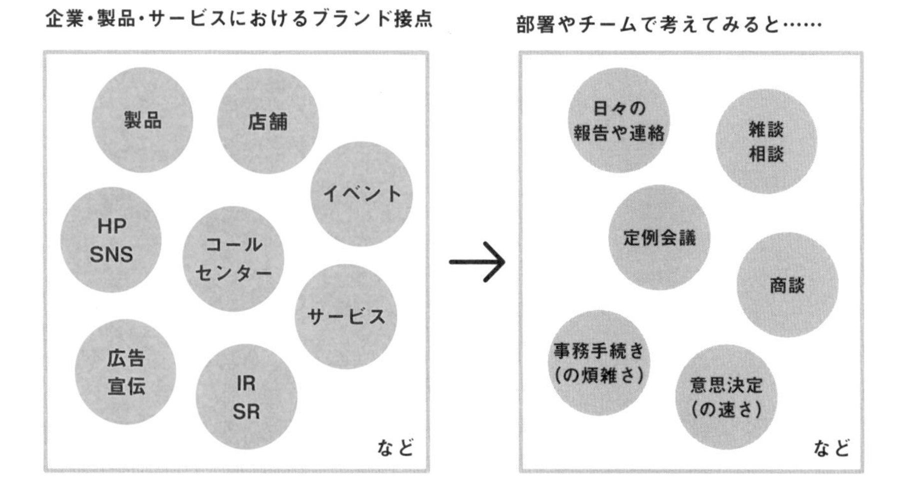

初期接点

P.87

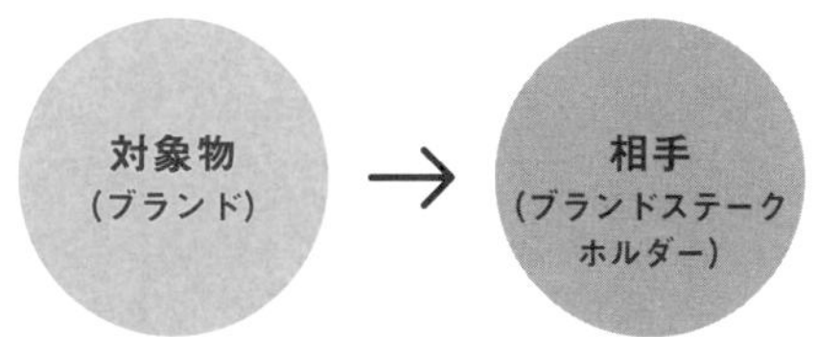

継続接点

P.87

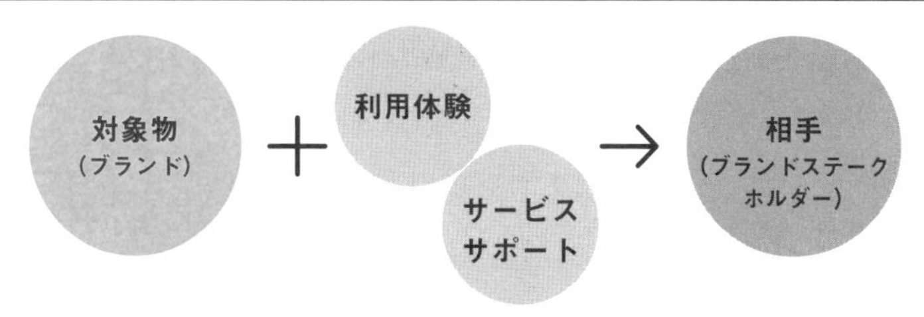

良い対話とは

P.96

「この人（たち）と話をしていると……」

- 自分たちの悩みをわかってもらえる
- ゴールや目的が明確になる
- 問いを立てることができる
- 問題や課題が言語化される
- アイデアやヒントを得ることができる
- 新たな知識や着眼点を得ることができる
- 解決の糸口や道筋が見えてくる
- 自分の能力や特性に気が付くことができる
- 自分（たち）の成長を実感することができる
- 楽しい／気持ちが楽になる
- 思い込みに気づくことができる
- 一歩先に進むことができる

↓

ビジョンニング　課題解決　自己効力感　成長実感

エンパワーメント　チームビルディング　ヘルプシーキング

アンラーニング　自律・自走　エンゲージメント

3方向の対話

P.99

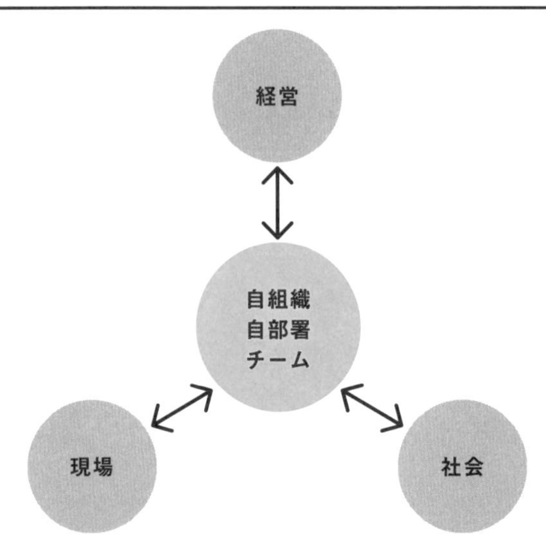

ブランド接点

P.226

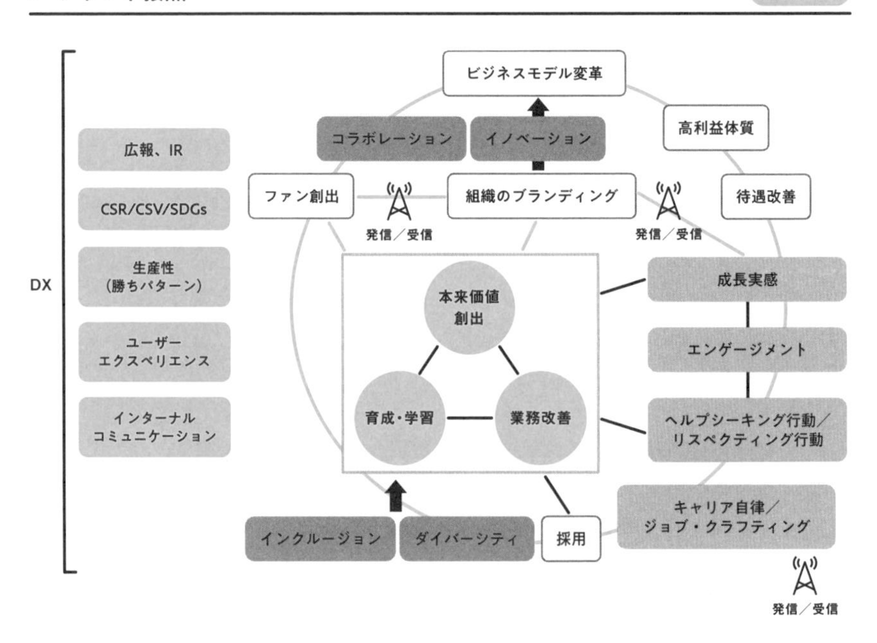

著者プロフィール

沢渡あまね（Amane SAWATARI）

作家／ワークスタイル＆組織開発専門家・企業顧問。『組織変革 Lab』主宰。
あまねキャリア株式会社 CEO ／浜松ワークスタイル Lab 取締役／株式会社 NOKIOO 顧問／大手企業人事部門顧問ほか。DX 白書2023有識者委員。
日産自動車、NTT データなど（情報システム・広報・ネットワークソリューション事業部門などを経験）を経て現職。400以上の企業・自治体・官公庁で、働き方改革、組織変革、マネジメント変革の支援・講演および執筆・メディア出演を行う。趣味はダムめぐり。#ダム際ワーキング 推進者。

スタッフ

ブックデザイン	二ノ宮　匡（nixinc）
カバーイラスト	大野文彰
校正	トップスタジオ
DTP	田中麻衣子
デザイン制作室	今津幸弘
制作担当デスク	柏倉真理子
デスク	荻上　徹
編集長	藤原泰之

■商品に関する問い合わせ先

このたびは弊社商品をご購入いただきありがとうございます。本書の内容などに関するお問い合わせは、下記のURLまたは二次元バーコードにある問い合わせフォームからお送りください。

https://book.impress.co.jp/info/

上記フォームがご利用いただけない場合のメールでの問い合わせ先
info@impress.co.jp

※お問い合わせの際は、書名、ISBN、お名前、お電話番号、メールアドレス に加えて、「該当するページ」と「具体的なご質問内容」「お使いの動作環境」を必ずご明記ください。なお、本書の範囲を超えるご質問にはお答えできないのでご了承ください。

- 電話やFAXでのご質問には対応しておりません。また、封書でのお問い合わせは回答までに日数をいただく場合があります。あらかじめご了承ください。
- インプレスブックスの本書情報ページ　https://book.impress.co.jp/books/1122101186 では、本書のサポート情報や正誤表・訂正情報などを提供しています。あわせてご確認ください。
- 本書の奥付に記載されている初版発行日から3年が経過した場合、もしくは本書で紹介している製品やサービスについて提供会社によるサポートが終了した場合はご質問にお答えできない場合があります。

■落丁・乱丁本などの問い合わせ先

FAX　03-6837-5023
service@impress.co.jp
※古書店で購入された商品はお取り替えできません。

「推(お)される部署(ぶしょ)」になろう（できるビジネス）

2023年9月11日　初版発行

著者　沢渡(さわたり)あまね
発行人　高橋隆志
発行所　株式会社インプレス
〒101-0051　東京都千代田区神田神保町一丁目105番地
ホームページ　https://book.impress.co.jp

印刷所　株式会社暁印刷

ISBN978-4-295-01776-9　C0034

Printed in Japan